目次

- 003　はじめに
- 008　食材別索引

フランス

- 014　ガルビュール
  Garbure
- 016　ポテ
  Poté
- 018　ポタージュ グルヌイユ
  Potage aux grenouilles
- 020　ムール貝のスープ
  Potage crème des moules
- 022　ニンジンのポタージュ
  Potage Crécy
- 023　ジャガイモのポタージュ
  Potage Parmentier
- 024　ポトフー
  Pot-au-feu
- 025　コトリアード
  Cotriade
- 026　エゾ鹿のコンソメ ポワブラード
  Consommé poivrade
- 027　ノルマンディー風スープ
  Soupe normande
- 028　ブイヤベース
  Bouillabaisse
- 030　グリーンピースのスープ
  Purée Saint-Germain
- 032　オニオングラタンスープの再構築
  Soupe à l'oignon
- 034　オマールエビのコンソメとフォアグラのロワイヤル
  Consommé du homard et royal du foie gras
- 036　カボチャのスープ
  Potage au potiron
- 037　スープ・アルザシエンヌ
  Soupe Alsacienne
- 038　ニンニクのクリームスープ
  Potage à la crème d'ail
- 039　ビールのスープ アルザス風
  Soupe à la bière
- 040　キュウリとフロマージュブランの冷たいスープ、ミント風味
  Soupe de concombre et fromage blanc à la menthe
- 041　野菜のスープ
  Soupe des legumes
- 042　*Column* フランスのスープ

イタリア

- 046　リボッリータ
  Ribollita
- 048　丸蟹のスープ
  Zuppa di granchio
- 050　パッパ・コル・ポモドーロ
  Pappa col pomodoro
- 052　カッペッレッティ入りスープ
  Cappelletti in brodo
- 054　パパロット
  Paparot
- 055　リージ・エ・ビージ
  Risi e bisi
- 056　パッサテッリ
  Passatelli
- 057　卵とパルミジャーノチーズのスープ
  Stracciatella
- 058　フルーツのスープ仕立て
  Zuppa di frutta
- 059　野菜、サマートリュフ入りのミネストラ コンソメ仕立て
  Brodo ristretto con tartufo e verdure
- 060　トゥフェーヤ
  Tofeja
- 062　ポルチーニとウナギのスープ
  Zuppa di funghi porcini e anguilla
- 064　鶏とパンのグラタンスープ
  Sopa coada

066	グラッパのクリームとフレゴロッタ	
	Crema di grappa e fregolotta	
068	ヴァルペリーナ風スープ	
	Zuppa alla valpellinese	
069	パヴィーア風卵入りスープ	
	Zuppa alla pavese	
070	カネーデルリ・イン・ブロード	
	Canederli in brodo	
071	乾燥豆のスープ	
	Minestra di legumi secchi	
072	魚とトマトの裏ごしスープ	
	Ciuppin	
073	大麦のスープ	
	Minestra d'orzo	
074	**Column** イタリアのスープ	

ロシア

- 078 ウクライナ風ボルシチ
  Борщ Украинский
- 080 ペリメニ
  Пельмени
- 082 野菜のボルシチ
  Овощной борщ
- 083 シチー
  Щи
- 084 肉のサリャンカ
  Мясная Солянка
- 085 魚のサリャンカ
  Рыбная Солянка
- 086 牛肉のつぼ焼き
  Жаркое
- 087 ビーフストロガノフ
  Бефстроганов
- 088 クワスのスープ
  Окрошка
- 089 キセーリ
  Кисель

スウェーデン、北欧

- 092 スウェディッシュミートボールと
  赤カブのブイヨンスープ
  Köttbullar soppa
- 094 フィンランド風サーモンクリームスープ
  Lohikeitto
- 096 白インゲン豆と漬け込み豚肉のスープ
  Ärtsoppa
- 097 冷製コンソメルビー
- 098 トナカイのスープ
- 099 ビスク 先代シェフのアレンジで
- 100 ヴィーガン・ヴィシソワーズ
- 101 マッシュルームの冷製クリームスープ
- 102 トウモロコシの冷製スープ フィンランドの水で
- 103 ルバーブのフルーツスープ
- 104 **Column** ロシアのスープ

ドイツ

- 108 ホワイトアスパラガスのクリームスープ
  Weisser Spargelsuppe
- 110 結婚式のためのスープ ブレーメン風
  Hochzeitssuppe nach Bremer Art
- 112 コンソメスープ レバー団子入り
  Leberknödelsuppe
- 113 レンズ豆のスープ フランクフルト風
  Frankfurter Linsensuppe
- 114 黒ビールのスープ ケストリッツ村風
  Köstritzer Biersuppe
- 115 ポテトのクリームスープ ファルツ地方風
  Pfalzer Kartoffelsuppe
- 116 ポテトのスープ シュワルツワルド風
  Schwarzwälder Kartoffelsuppe
- 117 魚のスープ 北ドイツ風
  Fischeintopf nach Ostsee Art

フランス
France

フランスは、ヨーロッパ本土に22、
海外に5の地域圏(レジオン)をもつ共和国である。
フランス料理は、
宮廷料理の流れを汲んだ「高級料理(haute cuisine)」と、
風土に反映された庶民の「郷土料理(cuisine régionale)」とに
大きく二分される。
今回はその双方を紹介する。

ル・マンジュ・トゥー
p.014 – 027

ラ・フィネス
p.028 – 041

Column
フランスのスープ
p.042 – 043

フランスのブイヨン
p.210 – 211

ガルビュール
Garbure

スペイン国境近く、バスク地方ピレネー山中のベアルン(ベアルヌ)地方で食べられていたポトフーのようなスタイルのスープ。ガチョウ肉のコンフィを使うのが特徴だが今回は鴨のコンフィを使った。

材料 4人分

豚バラ肉塩漬け … 1kg
（塩…3%、グラニュー糖…1.5%、黒コショウ…0.3%）

骨付き豚スネ肉の塩漬け
（塩…5%）

鴨モモ肉コンフィ
（塩…1.1%）

生ハム … 300g
ニンジン … 300g
ポワロー … 200g
タマネギ … 200g
セロリ … 100g
カブ … 250g
キャベツ … 500g
インゲン豆 … 100g

1 肉の塩漬けを作る。豚バラ肉、豚スネ肉、鴨モモ肉を、それぞれの分量で塩漬けにして、1週間以上置く。鴨モモ肉はコンフィにする。

2 鍋に豚バラ肉の塩漬け、豚スネ肉の塩漬けを入れて、水から煮る。

3 肉が柔らかくなってきたら、野菜を硬いものから順に入れて、柔らかくなるまで煮る。最後に鴨のコンフィを入れて仕上げる。

4 肉と野菜を切り分け、器に盛る。トーストしたバゲット（分量外）にほぐした豚肉をのせ、上から具とスープをかけるのが伝統的な食べ方。

調理のコツ 調理に油脂を加えないため、コンフィの脂を加えてコクをつける。

フランス ｜ ル・マンジュ・トゥー

ポテ
Poté

フランスの豚肉料理の原型を見るような1品。
地方ごとに、それぞれの作り方があり
今回はキャベツの入るオーベルニュ風を作った。
豚肉を使う点と、
仕上がりのスープ量の少ない点が、
ポトフーとの違いだ。

材料 4〜6人分
豚バラ肉塩漬け … 1kg
（塩…3%、黒コショウ…0.3%）
タマネギ … 400g
キャベツ … 1kg
ジャガイモ（メークイン）… 4個
ブーケガルニ … 大1本
水 … 5000ml
塩 … 適量
マスタード … 適量

1 豚バラ肉の塩漬けを作る。塩と黒コショウの粗挽きをよくすり込み、1週間マリネする。

2 鍋に1を入れ、水から煮る。煮立ったらアクをすくってブーケガルニを加える。

3 豚肉が柔らかくなってきたら、タマネギ、キャベツを加える。少し経ったところで皮をむいたジャガイモを加える。

4 スープが半量ほどになり、すべての具が柔らかくなるまで煮る。

5 肉と野菜を人数分に切り分け、器に盛る。好みで塩やマスタードをつけて食べる。

ポタージュ グルヌイユ
Potage aux grenouilles

カエルとクレソンを使った
アルザス地方の郷土料理。
カエルの骨から出ただしをルウでつなぎ、
山ほどのクレソンを入れる。
清涼な香りが印象的だ。

材料 4人分
カエルの骨 … 1kg
エシャロット … 70g
ニンニク … 20g
バター … 20g
強力粉 … 20g
水 … 適量

カエルの足 … 12本
クレソン(葉) … 200g
生クリーム … 100ml
塩 … 適量

1 カエルのフュメ(だしを煮詰めて香りを強めたもの)を作る。カエルの骨、エシャロットの薄切り、ニンニクを鍋に入れ、水から煮る。よくアクを取り、水を足しながら、フュメの出来上がり量が1000ml以上あるようにする。3時間煮て、布漉しする。

2 ヴルーテ(白いルウでつないだだし)を作る。バターと強力粉で白いルウを作り、そこに1を1000ml加えてのばす。

3 ざく切りにしたクレソンを加え、ひと煮立ちさせたらミキサーにかけ、シノワで漉す。生クリームを入れて、塩で味を調える。

4 カエルの足に小麦粉(分量外)をはたき、カエルのフュメで茹でる。

5 器にカエルの足を置き、スープを注ぎ、クレソンの葉(分量外)を散らす。

ムール貝のスープ
Potage crème des moules

スープ・ド・ポワソン。
これにクルトンとルイユ、
グリュイエルチーズを入れながら食べる。

ブイヤベースの魚介を潰して漉すと、
スープ・ド・ポワソン（魚介のスープ）になる。
さらにムール貝を加えると、このスープになる。
ムール貝の名産地、
ブルターニュ地方のスープだ。

材料 4人分

スープ・ド・ポワソン
- 白身魚アラ … 4kg
- ポワロー … 350g
- セロリ … 100g
- ニンジン … 200g
- ニンニク … 2かけ
- トマトペースト … 150g
- トウガラシ … 2本
- コリアンダー … 5g
- フヌイユ（フェネル）… 350g
- 白ワイン … 300ml
- 黒コショウ … 2g
- 水 … 5000ml
- パスティス（ペルノー）… 400ml
- 塩、サフラン … 適量

ムール貝のスープ
- ムール貝 … 500g
- オリーブ油 … 30ml
- ニンニク … 25g
- タマネギ … 100g
- ポワロー … 100g
- ニンジン … 100g
- セロリ … 50g
- 生クリーム … 50ml
- バター … 20g

1 スープ・ド・ポワソンを作る。野菜は薄切りにし、ペルノー、サフラン以外のすべての材料を鍋に入れ、水を加える。強火で一気に沸騰させ、アクを取りながら30分間煮る。

2 目の粗いシノワで漉し、再びシノワで漉し、さらに布漉しをする。このときの仕上がり量は1000ml以上あるようにする。鍋に戻し、ペルノー、サフランを入れ、塩で味を調える。

3 別の鍋を熱し、ムール貝と水200ml（分量外）を入れ、蓋をして一気に火を通す。煮汁は漉して別にとっておく。

4 鍋にオリーブ油を熱し、ニンニクを入れて香りが立ってきたら、粗みじんに切った野菜を加えてさらに炒める。

5 スープ・ド・ポワソンを1000ml加えて、10分間煮る。生クリーム、バター、ムール貝の煮汁を加え、ムール貝も入れて温める。最後に塩で味を調えて、器に盛る。

ニンジンのポタージュ
Potage Crécy

クレシーは、
北フランス・ピカデリーにある村の名前。
14世紀の百年戦争で戦いが行われた地で
今はニンジンの一大産地として知られる。
ポタージュ・クレシーは、
最小限の材料で、ニンジンの底力を
十二分に引き出した料理だ。

1. ニンジンを薄切りにする。
2. 鍋にバターを入れゆっくり溶かし、ニンジンを入れる。乳しょう（溶かしバターの下に溜まる、白濁した部分）をニンジンが完全に吸い取るまでじっくりと火を通す。
3. 水を加え、沸騰したらミキサーにかけ、シノワで漉す。
4. 牛乳、塩を加えて味を調える。器に盛り、パセリを飾る。

材料 4人分
ニンジン … 400g
バター … 80g
水 … 500ml

仕上げ用
牛乳 … 200ml
塩 … 適量
イタリアンパセリ … 適量

調理のコツ　ニンジンにいかに乳しょうを吸わせるかがコツ。こうすることで、ニンジンの甘みとバターの甘みが最大限に引き出される。

ジャガイモのポタージュ
Potage Parmentier

パルマンティエとは、18世紀、フランスにジャガイモを普及させた農学者、アントワーヌ=オーギュスタン・パルマンティエ氏のこと。ジャガイモのなめらかな食感と甘みが醍醐味のスープだ。ミキサーにかけずに田舎風に仕上げてもよい。

材料 4人分

- ジャガイモ（メークイン）… 300g
- タマネギ … 100g
- ポワロー … 100g
- バター … 100g
- ブイヨン（p.210）… 500ml

仕上げ用
- 牛乳 … 適量
- 生クリーム … 適量
- 水 … 適量
- 塩、黒コショウ … 適量

1 ジャガイモ、タマネギ、ポワローを薄切りにする。

2 鍋にタマネギ、ポワローを入れ、バターで蒸し煮をするようにじっくりと火を通す。水分が足りないようならば、少量の水を足す。

3 ジャガイモを加えてさらに炒め、塩で軽く下味をつける。

4 ブイヨンを加え、全体が柔らかくなったところでミキサーにかけ、さらにシノワで漉す。

5 牛乳、生クリームを加えて仕上げる。器に盛り、黒コショウの粗挽きをのせる。

調理のコツ タマネギとポワローの炒め方が味を決定する。野菜の甘みを引き出すようにじっくり炒める。

フランス｜ル・マンジュ・トゥー

ポトフー
Pot-au-feu

牛肉とタマネギ、ニンジンなどの
野菜をたっぷりの水で煮こんだ料理。
フランス庶民が生み出した
硬い肉と地の野菜を食べきる知恵だ。
骨髄を一緒に煮ることも多い。

材料 4〜6人分
牛モモ肉塩漬け … 1kg
（塩…3%、グラニュー糖…1.5%、黒コショウ…0.3%）
ポワロー … 200g　カブ … 250g
ニンジン … 200g　タマネギ … 200g
インゲン豆 … 100g　ニンニク … 1房
水 … 2000ml　ブーケガルニ … 大1束
クローブ … 適量
マスタード … 適量
塩 … 適量　コショウ … 適量

1　牛モモ肉の塩漬けを作る。塩、グラニュー糖、黒コショウの粗挽きをよくすり込み、1週間マリネする。

2　鍋で1の表面を軽く焼いたら、水から煮る。ブーケガルニを加えて、よくアクをすくう。

3　野菜は硬いものから順に加えていく。すべての材料が柔らかくなるまで煮る。

4　肉と野菜を人数分に切り分け、器に盛る。好みでマスタード、塩、コショウをつけて食べる。

コトリアード
Cotriade

ブルターニュ地方のブイヤベースの一種。
サバやアナゴなど北の魚が
少しとろみのついたスープで煮込まれている。
食べるときは、まず具を食べて
次にスープを飲むのが現地流だ。

材料 4人分
サバ … 1尾
アナゴ … 2本
タマネギ … 300g
ポワロー … 300g
バター 70g
強力粉 … 15g
水 … 適量
塩 … 適量

ヴィネグレット … 適量
バゲット … 適量

1 サバ、アナゴは適当な大きさに切り、塩を振っておく。タマネギとポワローは薄切りにする。

2 鍋にバターを溶かし、タマネギとポワローを色づけないようによく炒める。強力粉を振り入れて、よく混ぜ炒める。

3 水を少量ずつ加え、溶きのばす。ある程度の量（1000ml以上）で沸騰させ、サバ、アナゴを加え、10分間煮る。

4 塩で味を調える。器に具を盛り、バゲットを添え、好みでヴィネグレットと塩をつけて食べる。最後にスープを飲む。

エゾ鹿のコンソメ ポワブラード
Consommé poivrade

濁りのないスープに、
旨みが凝縮して詰まっているコンソメは
フランス料理の技法が
最も詰まっているスープといってよいだろう。
清澄の難しい鹿肉で、
コショウ風味のコンソメを作った。

材料 仕上がり 12ℓ
ブラン・サンプル … 12ℓ
＊材料、作り方はp.210参照

コンソメ
エゾ鹿ひき肉(赤身) … 2.5kg～3kg
ニンジン … 200g
ポワロー … 100g
タマネギ … 50g
セロリ … 50g
卵白 … 350g
黒コショウ … 適量

1 よく冷やした鹿ひき肉に薄切りにした野菜を加え、さらに卵白を加えて、ねばりが出るまでよく練る。

2 1に少しずつブラン・サンプルを加える。

3 火にかけ、ヘラを使い鍋底をよくあたる。全体が浮き上がってきたらヘラを外し、沸騰直前にゆっくり火を調節し、軽い沸騰状態を保つ。

4 中心に穴を開け、そのままの状態を保ち、味が出るまで約8時間煮出す。水量の減った分は水を足す。

5 布漉しをする布に黒コショウの粗挽きを入れ、香りを移しながら漉す。

 調理のコツ
鹿肉に粘着力がないので、
1でしっかり練って決着力をつけると、
澄んだコンソメがとれやすい。

ノルマンディー風スープ
Soupe normande

酪農が盛んなノルマンディー地方。
乳製品と、土地で採れる野菜で
作った、田舎風スープ。
水とバターだけとは思えない
飽きのこない味だ。

材料 4人分
ポワロー … 100g
タマネギ … 100g
ニンジン … 200g
キャベツ … 300g
ジャガイモ（メークイン）… 250g
インゲン豆 … 100g
バター … 50g
水 … 2000ml
塩、コショウ … 適量
パセリ … 適量

1 すべての材料を1cm角に切る。

2 ポワロー、タマネギ、バターを鍋に入れ、色づかないようによく炒める。

3 他の野菜を加え、軽く炒めたら、水を加えて柔らかくなるまで煮る。

4 塩、コショウで味を調えたら、刻んだパセリを加える。

フランス ｜ ル・マンジュ・トゥー

ブイヤベース
Bouillabaisse

マルセイユの名物料理。
厳密には5種類以上の魚を使うなどの決まりがある。
本来は頭や骨付きで調理されるが
今回はあえてフィレにして
食べやすい形に仕上げた。

アイオリはブイヤベースに欠かせない。
スープに浮かせたり、
魚につけたりして食べる。

材料 4人分

ホウボウ … 1尾
メバル … 1尾
オマールエビ … 1尾
タマネギ … 1個
ニンジン … 1本
セロリ … 1本
トマト … 2個
ジャガイモ … 小8個
オリーブ油 … 適量
ニンニク … 3かけ
フヌイユ（フェンネル）… 1/4本
ローリエ … 1枚
タイム … 2本
サフラン … 20本
トマト水煮 … 500g
白ワイン … 200ml
パスティス … 50ml

アイオリ

ニンニク … 1かけ
卵黄 … 1個
マスタード … 15g
白ワインビネガー … 15ml
オリーブ油 … 60ml

1 ホウボウ、メバルは鱗と内臓、エラを取り、血合いをよく洗い流す。

2 魚を3枚におろし、骨やアラは大きく切り分ける。オマールエビは頭と胴を外し、エラと胃袋を取り除き足や甲羅を切る。アラはコンベクションオーブンで200℃ 15分間のち130℃ 30分間、乾燥させるように焼く。

3 大きな鍋に潰したニンニクとオリーブ油を入れ、香りが立ってきたら千切りにしたタマネギ、ニンジン、セロリを炒める。

4 2のアラを3の鍋に加え、底からしっかり混ぜながら炒める。鍋底がきつね色になってきたら、白ワイン、パスティス、刻んだトマト、ローリエ、タイムを加え、水（分量外）をひたひたよりも少し多いくらいまで入れ、強火で一気に沸かす。

5 鍋底をかき混ぜ、アクを取りながら15分ほど煮込んだら、シノワで漉す。

6 5を鍋に戻し、半量になるまで煮詰めたらサフランとジャガイモを加え、煮えたらオリーブ油で味を調える。

7 オマールエビは半分に切り、オリーブ油で片面だけ焼く。沸騰しているスープの中にホウボウ、メバルの切り身を加え、強火で一気に火を通し、出来上がる直前にオマールエビも加える。塩で味を調え、火を止める。

8 アイオリを作る。生のニンニクをすりつぶし（香りが強い場合は、一度牛乳でブランシールする）卵黄、マスタード、白ワインビネガー、塩、オリーブ油で乳化させる。

フランス ｜ ラ・フィネス

グリーンピースのスープ
Purée Saint-Germain

春先のグリーンピースの旬に作られるスープ。
本来はポワカッセという豆で作られていた。
火の通りが悪いと青臭くなり、
煮過ぎると色が悪くなる。
シンプルだが技術を要する1品だ。

材料 4人分
グリーンピース … 400g
鶏ブイヨン (p.211) … 500ml
生クリーム (38%) … 200ml
塩 … 適量

トッピング
生クリーム … 適量
トリュフ … 適量
クルトン … 適量

1 グリーンピースの豆をさやから取り出す。

2 鍋に塩分3%濃度の水（分量外）を入れ、沸騰させる。同時に、別の鍋に鶏ブイヨンと生クリームを入れ、沸騰させておく。

3 グリーンピースを塩茹でする。鮮度、大きさ、品種によって茹で時間が異なるので、30秒おきに味を見る。

4 茹でたてのグリーンピースを、鶏ブイヨンと生クリームの鍋に加えて、もう一度軽く沸騰させる。

5 4をミキサーに入れ、2分ほど回したらシノワで漉す。

6 器に盛りつける。80℃まで温めた牛乳を泡立て、スープにのせる。クルトン、トリュフを好みで飾る（上に添えたのは、細く切ったバゲットにバター、フルールドセル、みじん切りのトリュフをのせて軽くトーストしたもの）。

調理のコツ グリーンピースのでんぷん質が糖化していないと、スープにしたときの舌触りが悪い。グリーンピースが親指と小指で簡単に潰れるくらいまでしっかり茹でる。また、グリーンピースが熱いうちにミキサーにかけると、色が鮮やかに保たれる。

オニオングラタンスープの再構築
Soupe à l'oignon

しっかり炒めたタマネギをコンソメで煮たスープに
パンを浸して、たっぷりのチーズをかけて焼く。
カフェやビストロの定番スープでもあり
お酒を飲んだ後に食べる人も多い。
大衆的なスープを再構築し、
ガストロ料理に昇華させた。

材料 10人分

牛ブイヨン
- 牛テール … 1本
- 牛スジ肉 … 500g
- タマネギ … 1個
- ニンジン … 1本
- セロリ … 1本
- ポワロー … 1本

A：クラリフィエ用
- 鶏ブイヨン … 2000ml
- 卵白 … 200ml
- 牛ひき肉 … 400g
- タマネギ（千切り）… 1/2個
- ニンジン（千切り）… 1/2本
- セロリ（千切り）… 1/2本

B
- 粗塩 … 1kg
- 卵白 … 100ml

- 新タマネギ … 10個
- タマネギ … 5個
- チーズ（エメンタールなど）… 適量
- バゲット … 適量
- ニンニク … 1かけ
- オリーブ油 … 適量

1 牛テールのコンソメを作る。鍋に水から牛テールと筋肉を煮出し、水洗いしたら、再び鍋に牛テールと水（分量外）を入れて沸騰させて、アクを取り除いたら、香味野菜を入れて6時間ほど煮込み、牛ブイヨンを作る。（中の肉や野菜は、マスタードや塩、コショウをつけて食べられる）

2 1を漉してブイヨンを取り出し、鶏ブイヨンと合わせて鍋に入れる。Aの残りを混ぜ合わせて鍋に加える。

3 中火にかけ、木べらでかき混ぜる。卵白や牛肉のたんぱく質が凝固して白く浮き上がってきたら中心に穴を開ける。コンソメが透明になったら布漉しする。

4 タマネギのキャラメリゼを作る。新タマネギをみじん切りにし、オリーブ油でゆっくり炒める。少なめの塩で下味をつけ、色むらが出たら少量の水（分量外）を加えながら、キャラメル色になるまでしっかり炒める。

5 タマネギの塩釜を作る。Bを混ぜてタマネギに塗りつけ、180℃のオーブンで1時間蒸し焼きにする。皮をむきタテに割り、タマネギの内側を取り除く（外側はケースとして使う）。タマネギの内側はバター（分量外）で炒め、少量の鶏ブイヨン（分量外）で軽く煮てミキサーにかけ、ピュレにする。

6 バゲットを細長く切り、軽くトーストしたらニンニクをすりつける。5のタマネギピュレを薄く塗り、チーズをのせてオーブンで焼く。バゲットの端はミキサーで粉砕し、ニンニクをすりこんだバットの上にのせ、オリーブ油をかけたら160℃のオーブンに入れ、15分間乾燥させるように焼く。

7 5のタマネギケースに4を敷き、5のタマネギのピュレを流し込み、6のパン粉をのせる。器にこのタマネギを入れ、コンソメを張り、6のトーストを添える。

8 これらを崩しながら食べ、口の中で再構築していく。

オマールエビのコンソメと
フォアグラのロワイヤル
Consommé du homard et royal du foie gras

オマールエビとフォアグラという高級食材を
コンソメとロワイヤル（西洋茶碗蒸し）という
贅沢な料理法で仕上げた。
エスコフィエには、
フォアグラのピュレに、ソース・ベシャメル、
卵を合わせると書かれているが
今回は現代風に軽めに仕上げている。

材料 4人分

フォアグラのロワイヤル
- フォアグラ（テリーヌなどすでに火が入っているもの）
  … 100g
- 鶏ブイヨン … 100ml
- 牛乳 … 100ml
- 全卵 … 1個

オマールエビのコンソメ
- オマールエビ … 1尾
- タマネギ … 1/4個
- ニンジン … 1/4個
- セロリ … 1/4本
- トマト … 1個
- 鶏ブイヨン … 500ml
- 白ワイン … 適量
- 水 … 適量
- フヌイユ（フェンネル） … 適量
- コニャック … 適量
- 塩 … 適量

A:クラリフィエ用
- タマネギ … 1/4個
- ニンジン … 1/4個
- セロリ … 1/4本
- オマールエビのカマ … 適量
- 卵白 … 適量

1 オマールエビのコンソメを作る。腕、爪、身は浮き実用に、カマはクラリフィエ用に取っておく。頭はエラを取り除き、殻は細かく刻み、オーブンに入れ、180℃で10分間、その後120℃で30分間、乾燥させるように香ばしく焼く。

2 オーブンから出した1にコニャックをかけて焼き汁をのばし（デグラッセ）、鍋に移して、薄切りしたタマネギ、ニンジン、セロリ、トマト、鶏ブイヨン、白ワイン、フヌイユを入れ、ひたひたになるまで水を足し、沸騰させる。

3 アクを取り除きながら1時間煮たら、シノワで裏ごしし、ひと肌になるまで冷ます。

4 クラリフィエする。**A**の野菜を薄切りにする。オマールのカマはミキサーでピュレ状にする。これらと**A**の残りの材料をボウルに入れ混ぜ合わせる。

5 3を鍋に入れ、4を混ぜて中火にかける。濁るまでヘラで混ぜ続け、卵白が凝固し始めたら中心に穴を開けてドーナツ状にし、中心からスープをすくい、周りにかける。

6 5の動作を繰り返し、コンソメが透明になったら布漉しする。盛り付ける直前に、オマールエビの爪や身などとコンソメを鍋に入れ、沸騰しない程度に温める。

7 フォアグラのロワイヤルを作る。火の入ったフォアグラ、人肌に温めた鶏ブイヨン、牛乳、全卵をミキサーにかけて、裏ごしする。

8 器に7の1/4量を入れて、90℃で湿度40%のコンベクションオーブンに2時間入れる。

9 8をオーブンから取り出し、オマールエビの身や爪をのせ、トリュフを飾り、コンソメを静かに注ぐ。

カボチャのスープ
Potage au potiron

フランスには
ポティロンという大きなカボチャと
ポティマロン(栗カボチャ)の2種類がある。
スープに好まれるのは
前者のさらりと優しい味のポティロン。
スープではリモージュをはじめ、
フランス全土で作られる。

材料 4人分
カボチャ … 500g
鶏ブイヨン … 500ml
生クリーム … 100ml
バター … 30g

トッピング用
クルトン … 適量
生クリーム … 適量
トリュフ … 適量

1 カボチャは皮をむき、種を取り除き、薄くスライスする。

2 フライパンにバターを溶かし、1を入れて、焦がさないようじっくり焼く。

3 2を鍋に入れ、鶏ブイヨンと生クリームを加え、15分間煮込む。

4 カボチャに串が通ったら、ミキサーにかけ、裏ごしする。

5 器に盛り、好みで、みじん切りにしたトリュフを混ぜたホイップクリーム、クルトンを浮かべる。

スープ・アルザシエンヌ
Soupe Alsacienne

アルザスの代表的な料理、シュークルート。
酢漬けのキャベツ、ジャガイモ、
ソーセージを煮込んだ料理だ。
スープ・アルザシエンヌは、
シュークルートを余さず食べるための
知恵から生まれた。

材料 4人分
- シュークルートのキャベツ … 400g
- タマネギ … 1個
- ジャガイモ（メークイン、茹でたもの）… 2個
- ＊シュークルートで余ったものを使う
- ソーセージ・ストラスブール … 適量
- 生ハム … 適量
- 鶏ブイヨン … 500ml
- バター … 30g
- 小麦粉 … 20g
- セルフィーユ … 適量

1. 鍋にバター（分量外）をしき、千切りにしたタマネギを炒め、シュークルートのキャベツを加えてさらに炒める。これをミキサーにかけてピュレにする。

2. ルーを作る。バターを鍋に入れて溶かし、小麦粉を加える。しっかり混ぜて小麦粉のコシを抜き、一気に冷たい鶏ブイヨンを加える。よく混ぜながら沸騰させたら、**1** とジャガイモを加える。

3. 好みでソーセージや生ハムを入れ、器に盛り、セルフィーユを飾る。

シュークルートはキャベツを塩漬けし、乳酸発酵したもの。これにソーセージなどの豚加工品やジャガイモを添えた料理は、正確には「シュークルート・ガルニ（choucrout garnie）」という。

ニンニクのクリームスープ
Potage à la crème d'ail

リモージュ地方の
代表的なポタージュのひとつ。
ブイヨンを使わず、水で仕上げる。
春先の新ニンニクのおいしい季節に、
クリーミーなこのスープは
欠かせないという。

材料 4〜6人分
新ニンニク … 1株
ジャガイモ（メークイン）… 1個
根セロリ … 1/4個
水 … 700ml
小麦粉 … 大さじ1
生クリーム（37%）… 150ml
塩 … 適量
クルトン … 適量
イタリアンパセリ … 適量

1 ニンニク、ジャガイモ、根セロリは、皮をむき、適当な大きさに切りそろえる。

2 鍋に1と水を入れて、塩で下味をつけて45分ほど煮込んだら、ミキサーにかけてピュレ状にする。

3 別の鍋で小麦粉と生クリームを混ぜ合わせ、少し炒めるように加熱し、2を入れる。ヘラで混ぜながら5分間煮込む。

4 塩で味を調えたら、再びミキサーにかけて、つやが出るまでしっかり撹拌する。器に盛り、好みでクルトンとイタリアンパセリを飾る。

ビールのスープ アルザス風
Soupe à la bière

アルザスの名産品の一つでもある
ビールを使ったスープ。
残りもののパンを入れて作る、
素朴で質素なものだ。
家庭では、ポトフの残りのスープや
ローストチキンの骨で煮出したブイヨンを
使うのが一般的という。

材料 4人分
アルザス産ビール … 250ml
タマネギ … 小1個　バター … 30g
パン（残ったフランスパンなど）… 100g
鶏ブイヨン … 800ml　生クリーム … 100ml
塩 … 適量
生ハム … 適量
＊フォレノワールという、燻製香の強い
ドイツ産生ハムが適している

牛乳 … 適量　パンデピス（粉状にする）… 少量

1. タマネギをスライスし、厚手の鍋に入れる。バターを足して、少し塩をして、ゆっくりと炒める。

2. 鶏ブイヨンとビールを加え、パンは一口大にちぎって入れ、蓋をして20〜30分間煮込む。

3. ミキサーにかけ撹拌したら、生クリームを加えて鍋に戻し、沸騰させて5分ほど煮込む。

4. 再びミキサーにかけて、熱いうちに器に盛る。牛乳を温め泡立てた泡、パンデピス、生ハムを添える。

アルザスはフランスのビール醸造の中心地。写真は1664年にビール醸造を始めたクローネンブルグ社のピルスナー。

キュウリとフロマージュブランの
冷たいスープ、ミント風味
Soupe de concombre et fromage blanc à la menthe

フランスでよく食べられる
キュウリのクリームサラダ (concombre à la crème) を
スープ仕立てにしたもの。
ガスパチョ的なアプローチで作った。

材料 4人分
キュウリ … 8本
フロマージュブラン … 250ml
レモン汁 … 1/2個分
ミント … 適量
オリーブ油 … 50ml
白バルサミコ酢 … 小さじ1〜2
塩 … 適量
バジルピュレ(ピストゥー) … 小さじ1/2

バジルピュレ(ピストゥー)
バジル … 100g
グレープシード油 … 100ml
塩 … 小さじ1/2

1. バジルピュレを作る。グレープシード油をはぜる音がでるまで温めて、茎や筋を取り除いたバジルを一気に入れる。塩を加えて混ぜたら、熱いうちにミキサーに2分間かけ、シノワで漉して氷水で急冷する。

2. キュウリは端を切り落とし、種を取り除き、ざく切りにする。一部を浮き身用に薄い輪切りにして取っておく。

3. ミキサーに1とフロマージュブラン、レモン汁、ミント、オリーブ油、白バルサミコ酢、塩を入れて、よく撹拌する。

4. 冷たい器に盛り、ミント、キュウリ、バジルピュレで飾る。

野菜のスープ
Soupe des legumes

ブイヨンは使わず、水で煮たスープ。
野菜は不揃いでも、ピュレ状でも。
杉本シェフのフランス滞在時、体調を崩すと
必ず誰かがこれを作ってくれたという。
塩は入れず、食べるときに自分で調味する。

1 すべての野菜の皮をむき、1cm角に切る。

2 鍋にすべての野菜を入れ、かぶるくらいまで水をはる。

3 火にかけて20〜30分間煮込む。ジャガイモやニンジンに火が通ったら完成。

4 器に盛り、イタリアンパセリをのせる。塩（分量外）で調味しながら食べる。

材料 4人分
タマネギ…1個
ポワロー…1/2本
ジャガイモ…1個
ニンジン…1本
セロリ…1本
ズッキーニ…1本
根セロリ…1/4個
マッシュルーム…10個
水…適量
イタリアンパセリ…適量

フランス ｜ ラ・フィネス

Column
フランスのスープ
On French "potage"

ブイヨンの発祥

　食材すべてを鍋に入れて煮込む――。こうした調理法はローマ時代から中世の終わり頃まで、フランス庶民の毎日の食事風景だった。これが変化するのは、ルネッサンス期の貴族の食卓からである。

　イタリアから文化を吸収しながら、ルネッサンス期のフランスは独自の食文化を確立しつつあった。その一つの、大きな発明というべきものが「ブイヨンの考案」だ。それまで、鍋で煮こんだ肉や野菜と一緒に食べていたスープを、スープと具を別々にして（しかも洗練した形で）食べることを考案したのだ。

　料理研究家の辻静雄氏によると、フランス料理史で初めてブイヨンの作り方が記載されたのは、料理人のマラン氏が書いた『レ・ドン・ドゥ・コミュス（邦訳すると『宴会の神様の贈り物』の意）』（1739年）という。

　また、最近は家庭だけでなくレストランでも使われるようになっているという「ブイヨン・キューブ」だが、実は18世紀のフランスには、既に固形状のブイヨンが存在した。王様の旅行にお供した料理人たちが、長い旅路に持ち歩きできるように考案したと考えられている。だしを煮詰めて皮のように乾燥させ、それをオーブンに入れてキャラメル状の固形にし、携帯していたというから驚きだ。

　宮廷料理が洗練されていく一方で、フランスの地方では、鍋ひとつをカマドにかけ、何年もその鍋に継ぎ足して食べるという庶民の文化も残った。「これはポットーフー（Pot-au-feu）の原型で、フランスの古い言葉でガリマフレ（galimafrée）といい、料理の形態としてはこれが一番自然だといえるでしょう」と辻氏は述べている[*1]。こうしたスープの原型は、現在も各地方に残っていて、ポトフー（p.024）のほか、ガルビュール（p.014）、ポテ（p.016）、コトリヤード（p.025）などがそれにあたる。

　ポタージュを現在の姿に近づけたのは、他のフランス料理同様、18世紀に活躍した料理人であるアントナン・カレームに負うところが大きい。さらに年月を経て19世紀中頃に、ポタージュをコース内で提供する順番、調理方法、分類などが徐々に整理されていった。

フランスのスープ分類

　フランスのスープの総称は「ポタージュ（potage）」であり、ブイヨンや水などをベースに、さまざまな材料を加えて作る汁物料理を指す。本来はオードブルの後に供されてきたが、今ではアントレや最初の一品に位置づけられることが多い。

　ポタージュは大きく2つに分類することができる。それは「澄んだポタージュ」と「とろみのついたポタージュ」だ。前者はコンソメのことである。後者には、いくつかの分類がある。

　この2つに「地方の様々なスープ」と「外国のポタージュ」を加えて4分類とする考え方もある。ちなみに、フランス語の「スープ

（soupe）」は、郷土料理としてのポタージュを指す。今回は 2 分法に基づいてポタージュの分類を紹介する。

● **澄んだポタージュ**（potage clair）
ブイヨンを澄ませて作るコンソメなど。

● **とろみのついたポタージュ**（potage lié）
❶ **ポタージュ・タイエ**（potage taillé）
野菜を切り揃えて煮たもの。パリ風ポタージュ（potage parisien：ポロネギとジャガイモ）、農夫風ポタージュ（potage cultivateur：ジャガイモ、ニンジン、カブ、グリーンピース、キャベツ、ベーコン）など。

❷ **ポタージュ・ピュレ**（potage purée）
野菜を煮て、潰し、ピュレ状にしたもの。ジャガイモのポタージュ（p.023）、グリーンピースのポタージュ（p.030）、ニンジンのポタージュ（p.022）など。

❸ **クレーム**（crème）、**ヴルーテ**（velouté）
野菜などを煮て、潰し、ピュレ状にしたものに、白いルーで濃度をつけたもの。
古典ではクレームは生クリームで、ヴルーテには卵黄と生クリームでより濃厚に仕立てるとある。ポタージュ・グルヌイユ（p.018）、ニンニクのクリームスープ（p.038）など。

❹ **ビスク**（bisque）
甲殻類のポタージュ。

❺ **コンソメ・リエ**（consommé lié）
コンソメに卵黄と生クリームでとろみをつけたもの。

❻ **スープ**（soupe）
田舎風のボリュームのあるもの、地方色の濃いもの、家庭的で手の込んでいないポタージュなど。ノルマンディー風スープ（p.027）、スープ・アルザシエンヌ（p.037）、ニンニクのクリームスープ（p.038）など。これを「地方の様々なスープ」として独立させる考えもある。

＊なお、ポタージュ・ピュレのつなぎとしては、以下が使われる。
・甲殻類など：米
・水分の多い野菜など：ジャガイモ
・ジビエ：レンズ豆
・昔風に調理したピュレ：揚げたパンのクルトン

＊1｜辻静雄著『フランス料理の学び方』（p.122）、中公文庫、2009 年

リボッリータ
Ribollita

トスカーナ州のスープ料理。
リボッリータは「煮直したもの」という意味で
前日の残りの野菜スープにトスカーナパンを加えて
食べきるという発想から生まれたズッパだ。
作った翌日以降が、味がまとまっておいしい。

材料 4人分
ベーコン … 50g
タマネギ … 1個
ニンジン … 1/2本
キャベツ … 3枚
セロリ … 1本
黒キャベツ（カーボロ・ネーロ）… 適量
※なければホウレンソウなどで応用
ジャガイモ … 1個
ホウレンソウ … 1/2束
トマト … 1個
インゲン豆（水煮）… 150g
バジル … 1枚
ニンニク … 1/2個
オリーブ油 … 150ml
ブロード（p.212）… 700ml
パン（トスカーナパンまたはバゲットのスライス）… 4枚
塩 … 5〜10g
白コショウ … 少量
紫タマネギ … 1/2個
EXVオリーブ油 … 大さじ2
パルミジャーノチーズ … 適量

1 タマネギ、ニンジン、キャベツ、セロリは2〜3cmのざく切りに、黒キャベツは茎の部分は細かく、葉の部分は一口大に切る。ジャガイモは芽と皮を取り、大きめの乱切りにして水にさらす。

2 広口の鍋にオリーブ油、潰したニンニク、ベーコンの角切りを入れ火にかける。ニンニクが色づいたら1の野菜を加え中火で15分ほど、全体がしんなりするまで炒める。

3 2にブロード、バジル、トマトの角切り、塩を入れ40分ほど弱火で煮込む。

4 インゲン豆を加え5分ほど煮込み、茹でたホウレンソウをざく切りにしたものを仕上げに入れる。

5 皿にトーストしたパンを置き、上から4を盛り付ける。仕上げに、粉にしたパルミジャーノチーズ、スライスして氷水にさらした紫タマネギをトッピングし、香り付けにEXVオリーブ油を少量かける。

調理のコツ 煮崩れないようにするため、広口の鍋を使い、よく炒め、弱火で煮込む。翌日以降がおいしく、常温でも、冷やしても、温めてもよい。

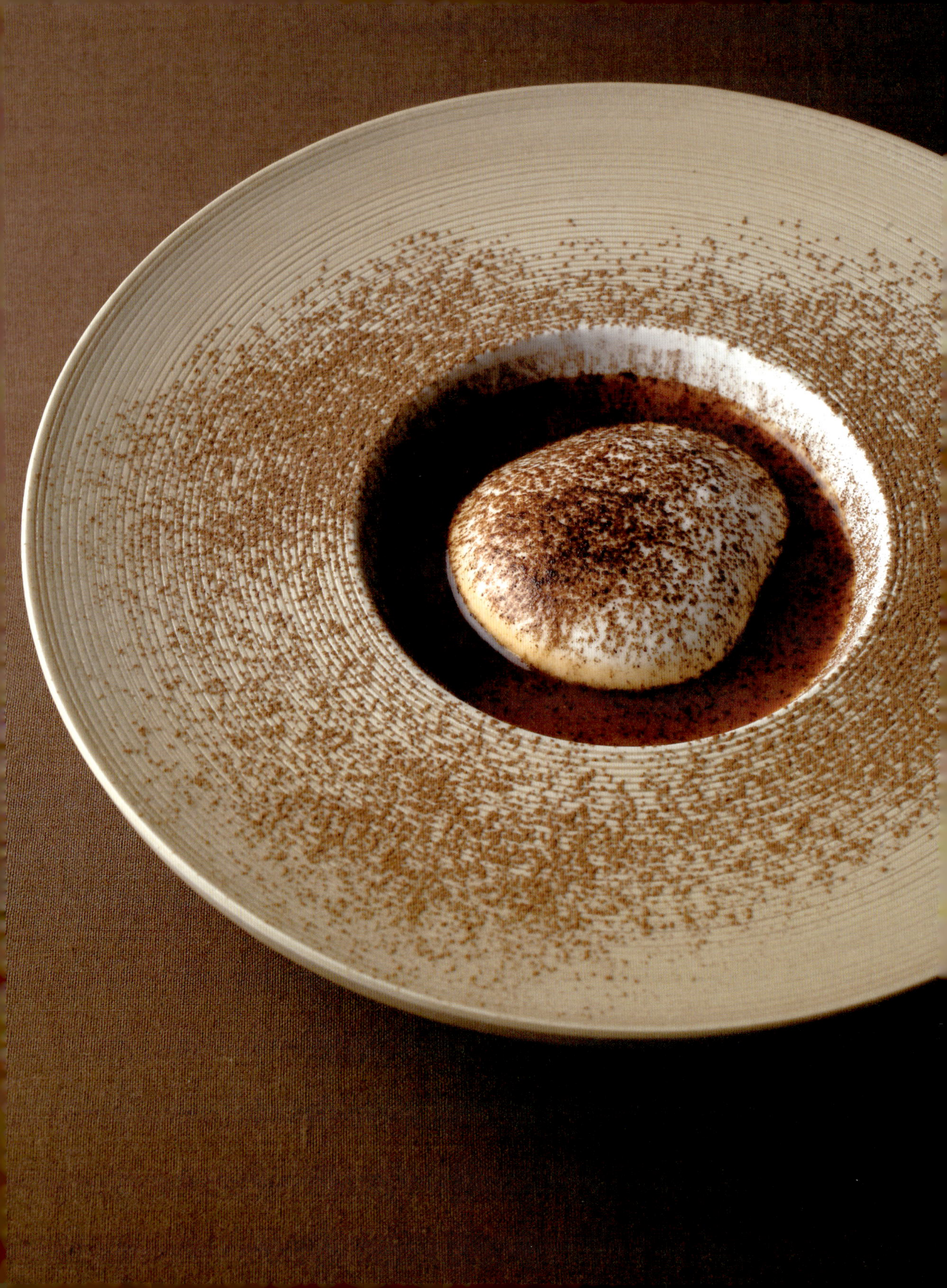

丸蟹のスープ
Zuppa di granchio

イタリア沿岸部で広く食べられている
魚のスープ(Zuppa di pesce)のアレンジ。
仕上げに使うカルーバ(carruba、イナゴ豆)は
地中海沿岸で栽培されている。
中の豆は分銅としても使われていた歴史があり、
宝石の大きさを表す「カラット」の語源でもある。

材料 4〜6人分
丸ガニ … 500g
タマネギ … 200g
ニンジン … 100g
セロリ … 50g
トマト水煮 … 200g
ニンニク … 1/2かけ
白ワイン … 100ml
ブランデー … 50ml
サラダ油 … 適量
水 … 適量
塩、白コショウ … 適量
牛乳のスプーマ … 適量
ロビオリーナチーズ … 適量
カルーバのパウダー(イナゴ豆のさやを粉砕したもの)
　… 適量

1. 丸ガニは甲羅を外し、前かけ、エラを取り除き、つま先の硬い部分をハサミで切り取り、2〜4等分にぶつ切りにする。タマネギ、ニンジン、セロリはスライスする。

2. 鍋にサラダ油をしき、潰しニンニク、野菜を入れて、しんなりするまで炒める。

3. フライパンにサラダ油をしき、丸蟹を入れてソテーし、ブランデーと白ワインでフランベする。

4. **2**に**3**を加え、塩、トマト水煮、水を加えて2時間煮込む。常に全体が浸っているように、適宜水を加える。

5. 甲羅を取り除き、残りをミキサーにかけて粗めのシノワで濾す。

6. 鍋に移し、約2/3量になるまでアクと油を取り除きながら煮詰めたら、塩、白コショウで味を調える。

7. 器に直径1cm程度に丸めたロビオリーナチーズを入れ、**6**を注ぎ入れる。牛乳のスプーマをのせ、カルーバをふりかける。

調理のコツ 丸ガニは香ばしくからっとするまでよく炒める。
6の段階で、ソースシノワでもう一度濾すと、より滑らかな舌触りに。

イタリア ｜ アカーチェ

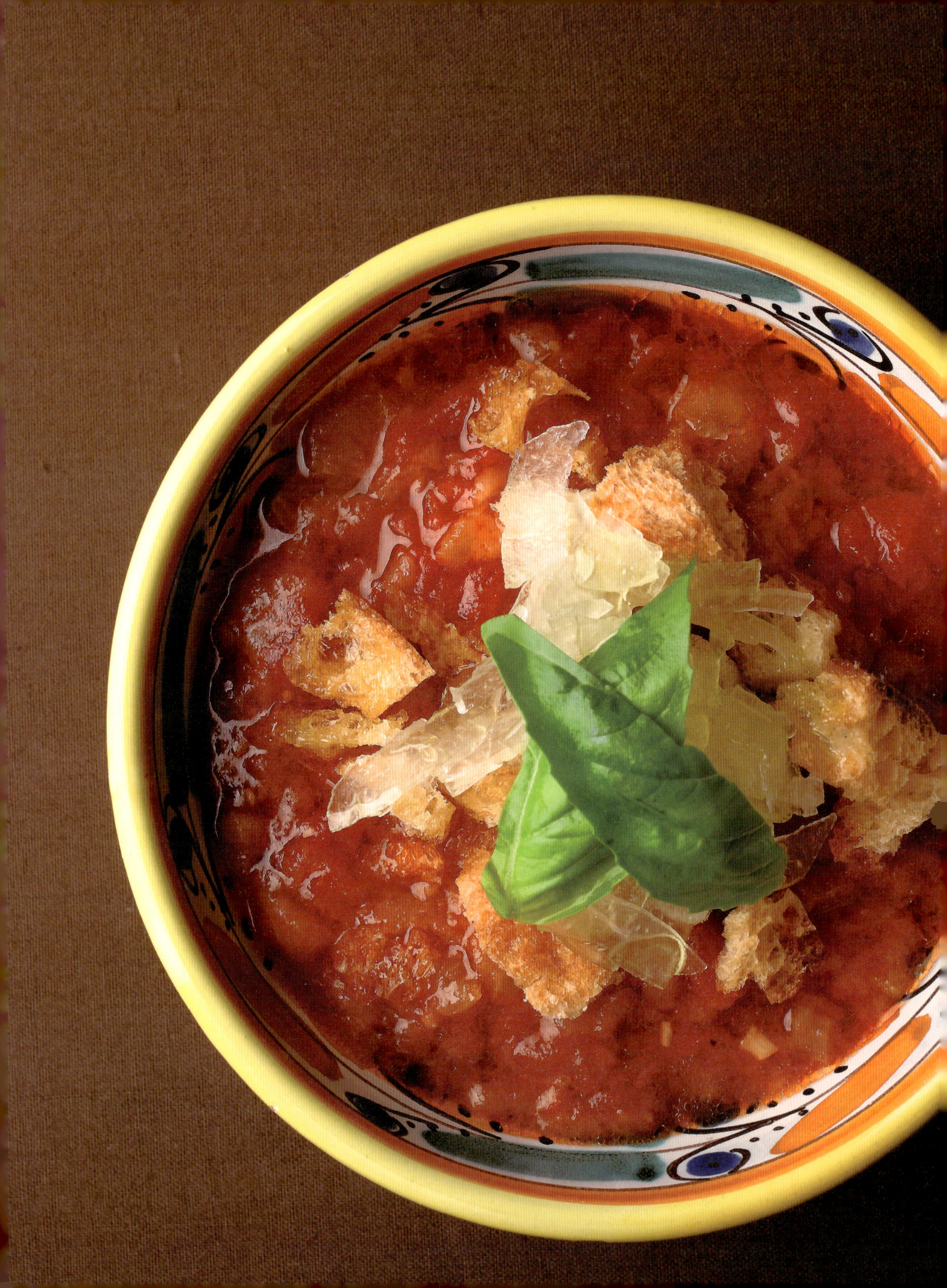

パッパ・コル・ポモドーロ
Pappa col pomodoro

トスカーナ州のスープ料理。
トマトでパンを粥状に煮込んだスープだ。
トスカーナの丘陵地帯にはオリーブ畑が広がり
良質のオリーブ油が生産されている。
その豊かな香りを生かした一皿でもある。

材料 2人分

トマト水煮 … 1缶(300g)
ニンニク … 少量
タマネギ … 30g
タマネギ(トッピング用、スライス) … 適量
パン(トスカーナパンまたはバゲット) … 20g
EXVオリーブ油 … 適量
ブロード … 180ml
水 … 100〜200ml
塩、白コショウ … 適量
バジル … 2〜3枚

1 パンは2cm角に、ニンニクとタマネギはみじん切りにする。トマト水煮は裏ごしして皮と種を取り除く。

2 鍋にEXVオリーブ油、ニンニクを入れ、弱火でキツネ色になるまで炒める。

3 2にタマネギを加えしんなりするまで炒め、残りの材料を加えて20分ほど煮込む。途中、水分が足りなければ水を足す。

4 塩、白コショウで味を調え、バジルを取り除き器に盛る。氷水でさらしたタマネギをトッピングし、香り付けにEXVオリーブ油を少量かける。

調理のコツ 炒める際からEXVオリーブ油を使い、オリーブの香りを生かすのがポイント。また本来の作り方にはないが、好みでクルトンをちらすと、食感のアクセントになる。

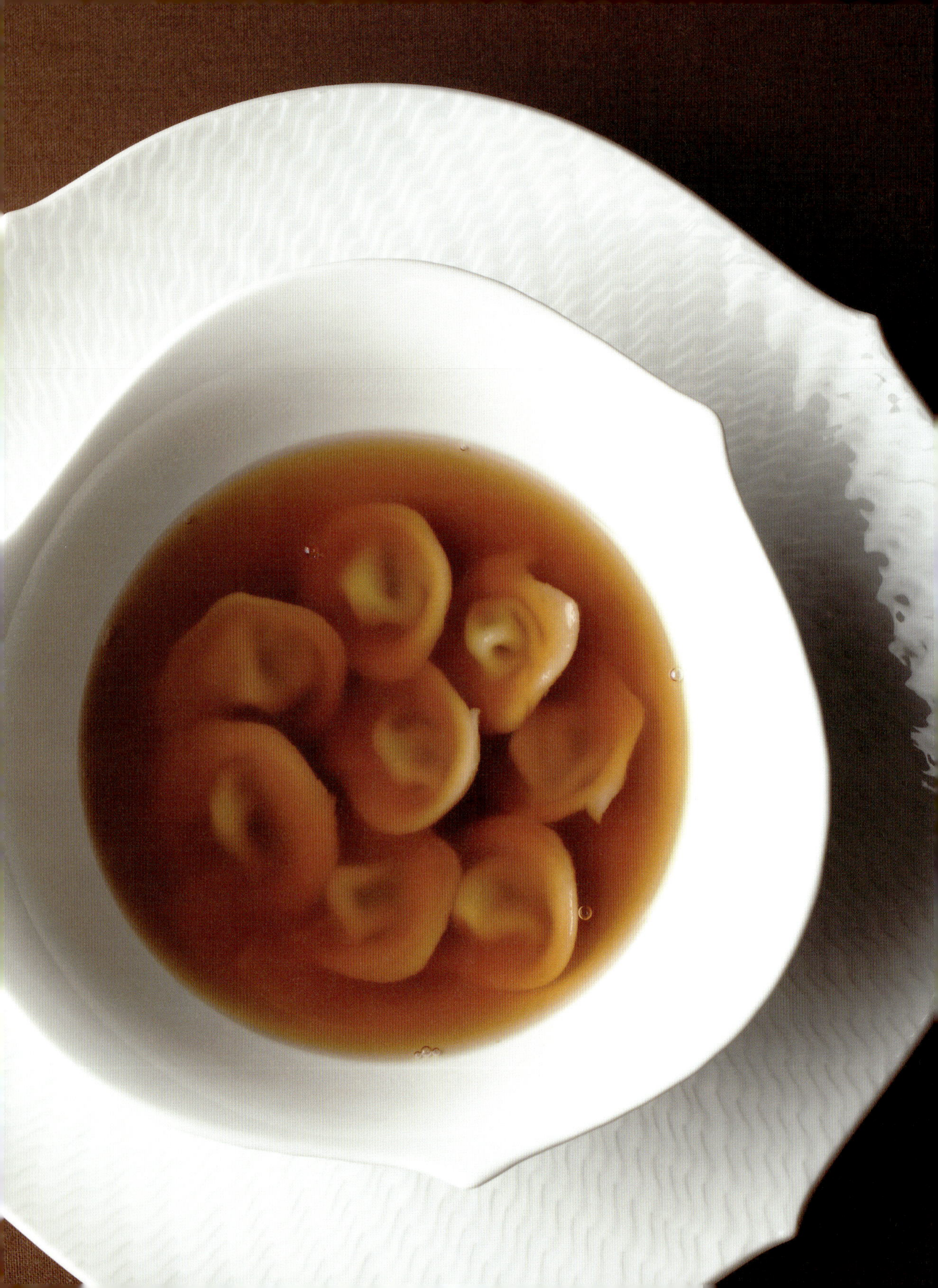

カッペッレッティ入りスープ
Cappelletti in brodo

カッペッレッティとは小さな帽子型パスタのこと。
エミリア＝ロマーニャ州や
ウンブリア州などで食べられている。
肉を詰めることもあるが、
今回はリコッタとホウレンソウを詰め
ブロードに浮かせた。

パスタ用の円型の型抜き。回転させると連続して円型に抜ける。パスタは薄くのばすのがポイントだ。

材料 4～5人分

パスタ用
- 小麦粉(タイプ00)…100g
- 全卵…1個
- 塩、オリーブ油…少量

詰めもの (Ripieno)
- ホウレンソウ(茹でてみじん切り)…30g
- リコッタチーズ(無塩タイプ)…70g
- パルミジャーノチーズ(パウダー)…15g
- 全卵…小さじ2
- ナツメグ…少量
- 塩、白コショウ…適量

ブロード…800ml
塩、白コショウ…適量

1　詰めものを作る。ボウルに全ての材料を入れて混ぜ合わせ、塩、白コショウで味を調える。

2　パスタを作る。ボウルに全ての材用を入れて混ぜ合わせ、途中から台の上に移してよく練り込む。

3　2を薄くのばし、直径4cmの円形にくり抜く。

4　3の中央に直径7mmほどに丸めた詰め物をのせ、周りに卵を塗る。

5　半月型に折り、端と端をつなぎ、半径部分をしっかり押さえ円錐状にする。次に弧の部分を外側に反らせて、三角帽の形にする。

6　鍋でブロードを加熱し、沸騰したら5を入れて8分ほど茹でる。

7　塩、白コショウで味を調え、器に盛る。

イタリア｜アカーチェ

パパロット
Paparot

フリウリ＝ヴェネツィア・ジュリア州のスープ。
この州の平野部では
トウモロコシが栽培されるため
主食はパンやパスタよりポレンタだ。
パパロットはポレンタでとろみをつけたスープ。
ホウレンソウはとろとろに煮込むとよりおいしい。

材料 3人分
- ホウレンソウ … 60g
- ジャガイモ … 60g
- キャベツ … 60g
- ニンニク（みじん切り）… 小さじ1
- ポレンタ … 大さじ3
- バター … 15g
- ブロード … 800ml
- 塩、白コショウ … 適量

1. ホウレンソウ、ジャガイモ、キャベツは、あらかじめ茹でて一口大に切る。
2. 鍋にニンニクとバターを入れ火にかけ、弱火できつね色になるまで炒めたら、ブロードを加える。
3. 沸騰したら、塩、白コショウ、ポレンタを加え、ダマにならないようにかき混ぜる。
4. 20分ほど煮込んでから用意しておいた野菜を入れる。
5. さらに10分ほど煮込み、塩、白コショウで味を調える。

今回使用したのはMulino Marino社のポレンタ。トウモロコシを昔ながらの石臼で挽いている。

リージ・エ・ビージ
Risi e bisi

米とグリーンピースのミネストラ。
ビージはヴェネトの方言でエンドウ豆の意味。
春の祝いで食べられるスープで
ヴェローナ近郊で栽培される
小粒な米も使われる。
リゾットとは違い、具もスープも多めだ。

1. 米は湯で16〜17分間茹で、アルデンテになったら湯を切る。グリーンピースは青々しさを残しさっと茹でる。
2. 鍋にパルミジャーノチーズ、バター以外の材料を入れ沸騰させる。
3. ブロードが2/3量まで煮詰まったら、パルミジャーノチーズとバターを入れ、よくかき混ぜる。
4. 器に盛り付け、ピーラーでスライスしたチーズをのせる。

材料 1人分
米(ヴィアローネ・ナーノ種/予めボイルしておく) … 25g
グリーンピース(予めボイルしておく) … 15g
ブロード … 60ml
ソフリット※ … 15g
バター … 10g
パルミジャーノチーズ(パウダー) … 7g
パルミジャーノチーズ(トッピング用) … 適量

※タマネギ・ベーコンのみじん切りをバターで炒めたもの

ヴェローナ近郊で栽培される米、ヴィアローネ・ナーノ種。ジャポニカ米とは芯の残り方が違い、アルデンテに茹でやすい。

イタリア | アカーチェ

パッサテッリ
Passatelli

パッサテッリは
パン粉、粉チーズ、卵などが入った生地を、専用の型で太いひも状に押し出したもの。レモンピールやナツメグの香りが効いている。余ったパンの活用法として生み出されたものでブロード仕立てが一般的だ。

1. ボウルにブロード以外の材料を入れ練っておく。
2. 鍋にブロードを入れ沸騰させ、そこに **1** を専用の絞り器（マッシャーでも代用可）から絞り入れる。
3. **2** を再び沸騰させ弱火で約5〜6分煮込み、塩、白コショウで味を調える。

材料 3人分
- 小麦粉（タイプ00）… 100g
- パン粉（ミキサーにかけパウダー状にしたもの）… 100g
- パルミジャーノチーズ（パウダー）… 100g
- 全卵 … 4個
- レモンピール（すりおろし）… 2個分
- ナツメグ（パウダー）… 適量
- ブロード … 600ml
- 塩、白コショウ … 適量

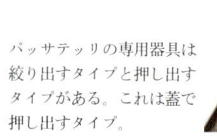

パッサテッリの専用器具は絞り出すタイプと押し出すタイプがある。これは蓋で押し出すタイプ。

卵とパルミジャーノチーズのスープ
Stracciatella

ストラッチャテッラ(Stracciatella)は
ラツィオ州、ローマ周辺で食べられるスープ。
チーズのすりおろしの入ったかき卵汁だ。
家庭ではボウルを使わず
スープココットを使う。
洗いものが少なく、
ココットに残った卵も無駄にしない知恵だ。

1. ボウル（またはスープココット）に全卵、粉チーズ、塩、白コショウ、イタリアンパセリを入れ、よく混ぜ合わせる。
2. ブイヨンを鍋に入れ、沸騰したら1を手早く加え、よくかき混ぜる。
3. 再び沸騰したら器（または1で使ったスープココット）にスープを盛りつけ、レモン汁を数滴たらす。

材料 1人分
全卵 … 1個
パルミジャーノチーズ（すりおろし）… 10g
ブロード … 200ml
塩、白コショウ … 少量
イタリアンパセリ（みじん切り）… 少量
レモン汁 … 少量

フルーツのスープ仕立て
Zuppa di frutta

マチェドニアから発想した、
奥村シェフのオリジナル。
南イタリアのドルチェをイメージし
シナモンがほのかにきいたシロップに
色とりどりの果実を漬けて
シチリアの菓子カンノーリを添えた。

材料 1人分
果物（オレンジ、バナナ、リンゴ、イチゴ、ラズベリー、キウイなど）
… 適量
白ワイン … 200ml
砂糖 … 80g
水 … 80ml
レモンピール … 1/2個分
シナモン … 1/2本
ミント … 適量
カンノーリ … 5本

1 果物は一口大に切る。レモンピールとシナモンはお茶用の紙パックに入れておく。

2 鍋に白ワインを入れて沸騰させ、フランベする。

3 2に残りの材料全てを入れ、弱火で4～5分沸騰させ続ける。

4 3を氷水で冷まし、フルーツを盛り付けた容器に注ぎ込み、ミントの葉をトッピングし、カンノーリを添える。

カンノーリ

小麦粉（タイプ00）、砂糖、塩、ラードを混ぜ、卵、マルサラ酒を加えて混ぜる。筒に巻きつけて冷蔵庫で寝かせたあと、ラードで揚げる。筒の中にはリコッタとレモン・オレンジ皮の砂糖漬けを混ぜて詰める。

野菜、サマートリュフ入りのミネストラ コンソメ仕立て
Brodo ristretto con tartufo e verdure

ミネストラはスープの総称のこと。
しかし今回は
濁りのないコンソメと黒トリュフを使って
日常の野菜スープからリストランテの1品にした。

材料 4人分

鶏のコンソメ
- ブロード … 1000ml
- タマネギ … 50g
- ニンジン … 50g
- セロリ … 25g
- パセリの茎 … 少量
- ローリエ … 1枚
- 白コショウ(粒) … 1g
- 卵白 … 40g
- 塩 … 適量

コンソメの具
- サマートリュフ … 20g
- ニンジン … 30g
- ズッキーニ … 30g
- インゲン豆 … 30g
- 塩、白コショウ … 適量

調理のコツ　コンソメの味は、布漉しする前にある程度決めておく。

1. コンソメを作る。鍋にブロードを入れ人肌程度に温める。コンソメ用の野菜は適当な大きさに切る。
2. コンソメの材料をボウルに入れ、卵白が全体になじむように混ぜあわせる。
3. 1に2を加え、スパチュラでかき混ぜながら加熱し、卵白が固まり始めたら弱火にし沸騰するのを待つ。
4. 湧き上がらない程度に沸騰させ20分間火にかける。その後、スープが濁らないよう静かに布漉しする。
5. スープの具を作る。野菜は下茹でし、5mm角に切る。サマートリュフは皮をむき3mm角に切る。
6. 鍋に4のコンソメ600mlと5を入れて沸騰する直前まで加熱し、塩、白コショウで味を調える。

イタリア ｜ アカーチェ

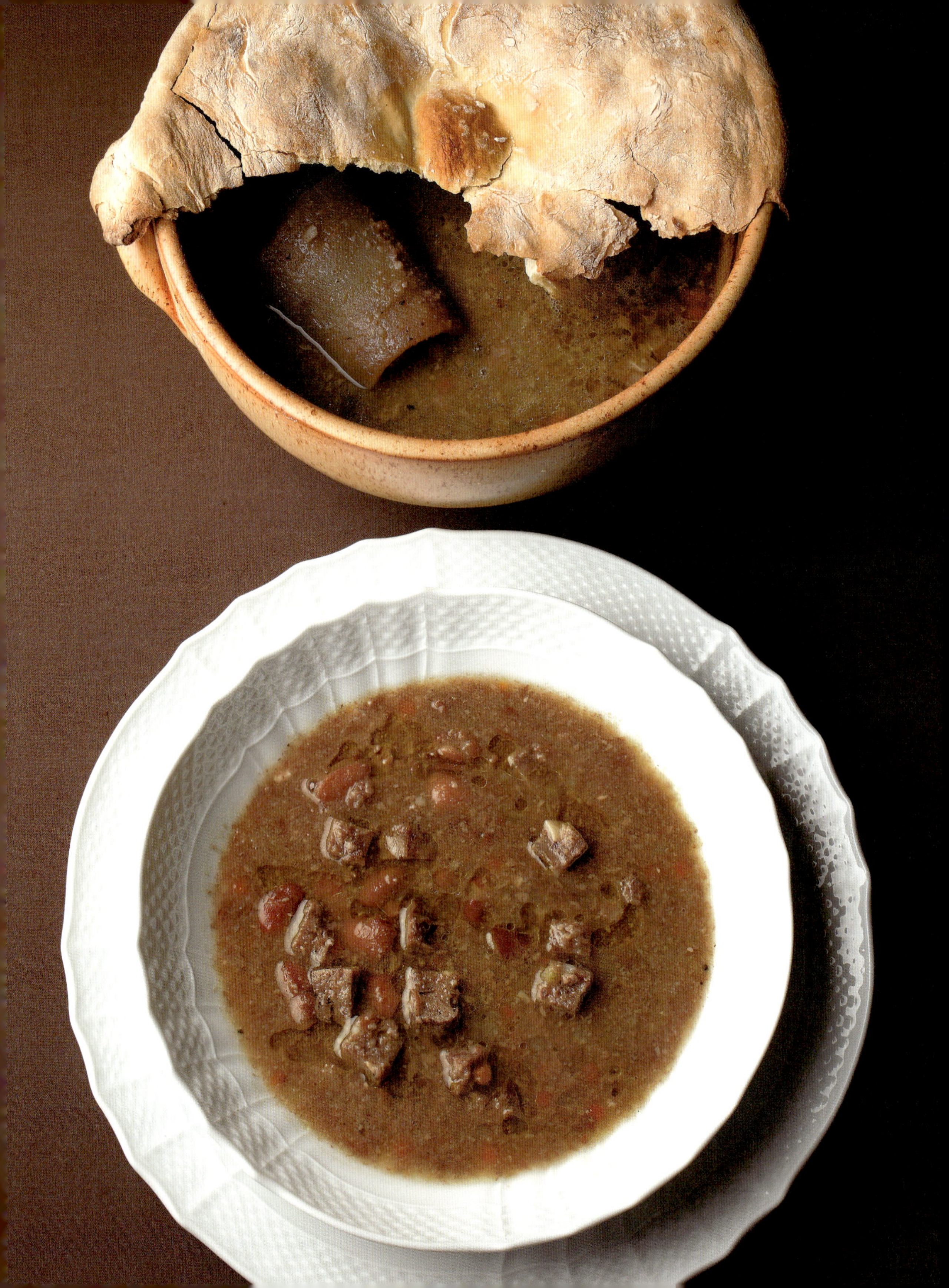

トゥフェーヤ
Tofeja

ピエモンテ州のスープ。
豚耳、皮、タン、ホホ、足など、
豚肉のあらゆる部位と
インゲン豆を煮込んだ料理。
トゥフェーヤとはピエモンテ方言で、
元々はテラコッタ製の鍋を指している。
西口シェフはコテキーノの中に、
ホホ、タン、足を入れている。

材料 4人分

コテキーノ … 300g
＊豚の肉、脂、皮で作る腸詰め
赤インゲン豆(乾燥) … 200g
ソフリット … 大さじ3
豚皮 … 10cm角1枚
ローズマリー … 2本
セージ … 4枚
タイム … 4本
ニンニク(みじん切り) … 小さじ1
ブロード(p.121) … 1200ml
塩 … 適量
小麦粉 … 適量
水 … 適量
EXVオリーブ油 … 適量

1 豚の皮にみじん切りにした香草、ニンニクをまぶし、ロール状に丸めてタコ糸で縛る。

2 耐熱容器にソフリット、1cm角にしたコテキーノ、**1**、下茹でした赤インゲン豆、ブロードを入れ、小麦粉と水で生地を作り、生地をのばして蓋をする。

3 オーブンに**2**を入れ、160℃で約2時間半加熱する。

4 蓋を少しあけ、煮込みあがっていたらスープの半量をピュレ状にして、塩で味を整える。

5 器に盛り付け、EXVオリーブ油をかけて仕上げる。

調理のコツ 蓋にしているパスタは食べない。

イタリア｜ヴォーロ・コズィ

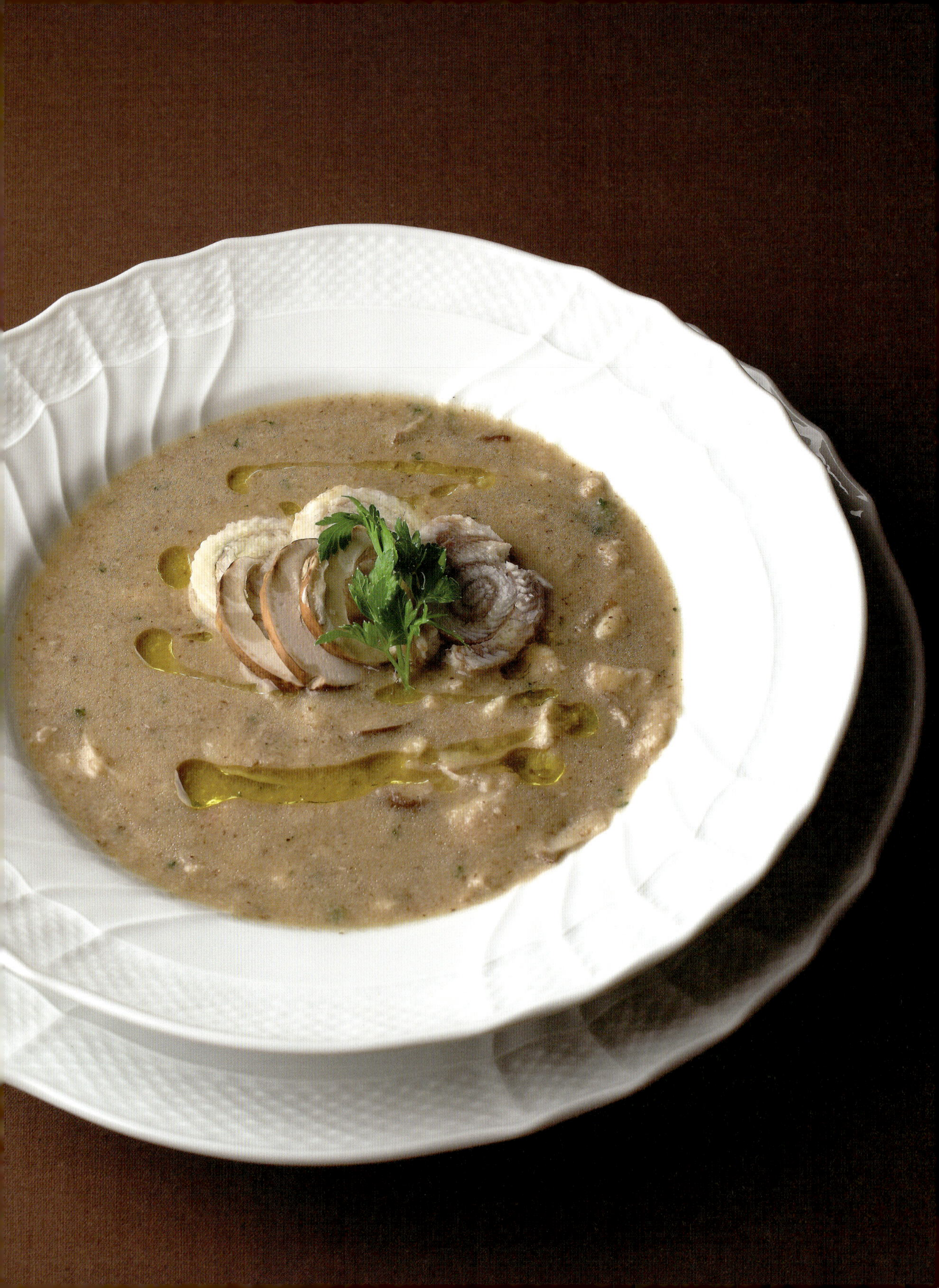

ポルチーニとウナギのスープ
Zuppa di funghi porcini e anguilla

エミリア＝ロマーニャ州の料理。
ウナギはフェッラーラや
ローマ近郊（ボルセーナ湖やブラッチャーノ湖）、
サルデーニャなどでも食べられる。

材料 4人分
ウナギ … 2尾
ポルチーニ❶ … 400g
ポルチーニ❷（カサの部分）… 2個
ソフリット … 大さじ3
ブロード … 600ml
ローリエ … 2枚
塩 … 適量
オリーブ油 … 適量
EXV オリーブ油 … 適量

1. ウナギを開き、中骨、頭、ヒレを取り除き、皮を引く。塩をして、ロール状に巻き、ローリエ1枚とともに170℃のオーブンで焼く。

2. ポルチーニ❶は適当な大きさに切り、オリーブ油で炒めて、ブロードをひたひたに注ぎ、煮る。火が通ったらミキサーでピュレ状にする。

3. 鍋にソフリット、**2**、ローリエ、オリーブ油を入れ、加熱しながらブロードでのばす。**1**のウナギのうち、1本は1cm角に切り、加える。

4. ポルチーニ❷の1個を1cm角に切り、ソテーして**3**に加える。塩で味を調えて器に盛り、ウナギとポルチーニ❷の残りをスライスしてのせ、EXVオリーブ油をかける。

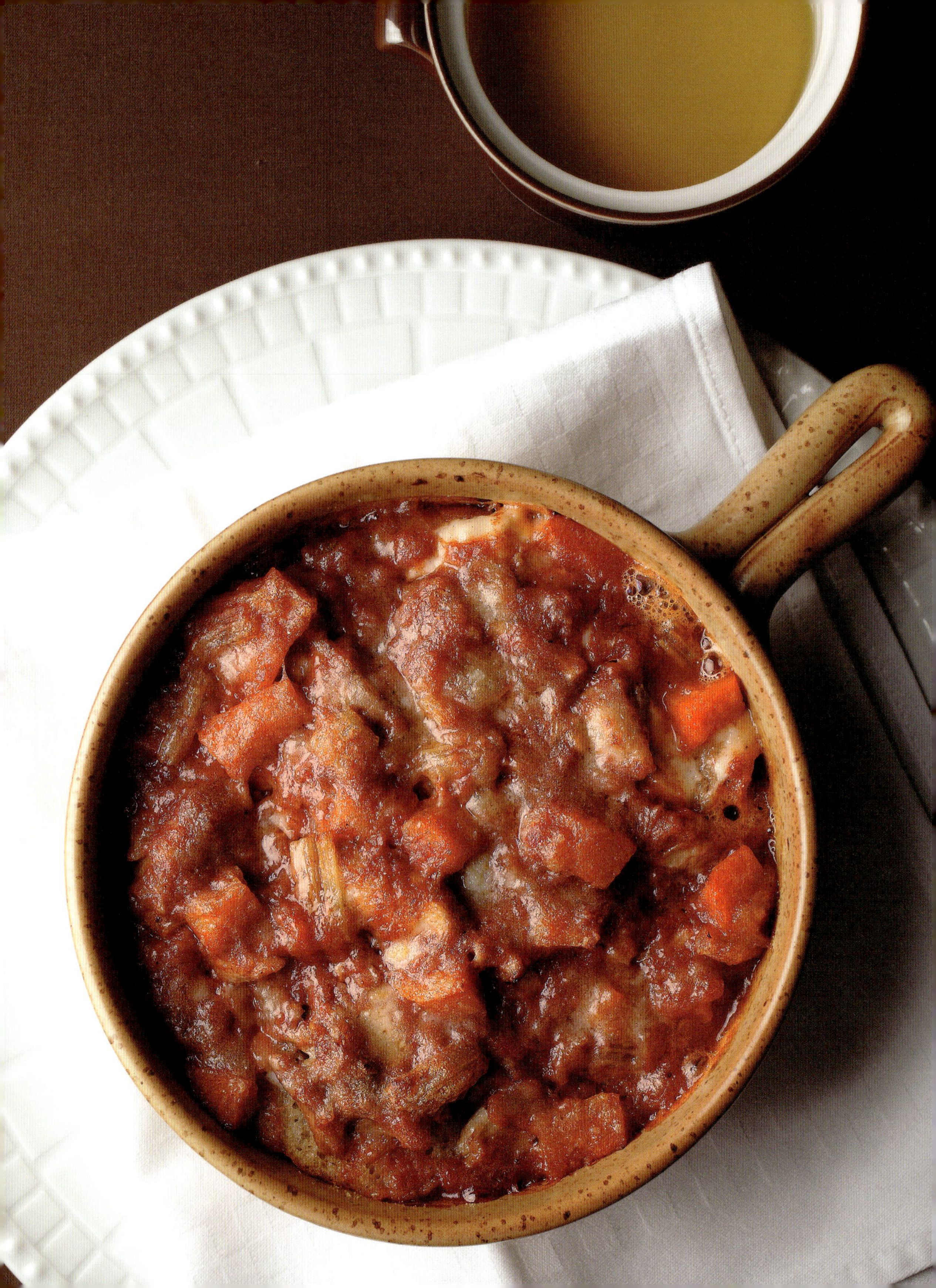

鶏とパンのグラタンスープ
Sopa coada

「ソパ・コアーダ(Sopa coada)」は
ヴェネト州のスープ料理。元々は鳩で作るが、
現代では鶏を利用することもある。
前日に長時間煮込んだ鶏(鳩)と
ベシャメルソース、パンを重ねてオーブンで蒸し焼きにする。
ブロードをかけて食べるグラタンスープだ。

材料 4人分
- 大山鶏モモ肉…2枚
- タマネギ…1/2個
- ニンジン 1/4本
- セロリ…1/4本
- トマト水煮…300g
- ローリエ…1枚
- シナモンパウダー…1つまみ
- 白ワイン…80ml
- ブロード…適量
- バター…適量
- バゲット(1cmスライス)…8枚
- ベシャメルソース…200g
- グラナ・パダーノ…適量
- 岩塩…適量
- 黒コショウ…適量
- サラダ油…適量

1. 鶏モモ肉は筋などを取り掃除し、塩、黒コショウをふる。タマネギ、ニンジン、セロリは3cm角に切り、トマト水煮はへたを取り裏ごしする。

2. 深鍋にサラダ油を熱し、鶏モモ肉を炒め、タマネギ、ニンジン、セロリ、岩塩を加える。野菜から水分が出てきたら白ワインを注ぎ、鍋底についた旨みをこそげ取る。シナモンパウダーを加える。

3. ワインのアルコールが飛んだらブロードをひたひたに入れ、トマト水煮、ローリエを加える。岩塩を足して調味したら蓋をして弱火(とろ火)で3〜4時間煮込む。水分が足りなくなったらブロードを足す。

4. 火からおろして鶏モモ肉、野菜、煮汁に分ける。鶏モモ肉は皮を取り除き、粗くほぐす。野菜は手で軽く潰す。

5. 翌日、煮汁の上に固まった脂を取り除く。

6. 耐熱容器にバターを塗り、バゲット→ベシャメルソース→グラナ・パダーノ→鶏モモ肉→野菜→煮汁を2回くり返し重ね、一番上にグラナ・パダーノをのせる。

7. 湯せんにかけて80℃のオーブンで3〜4時間蒸し焼きにする。

8. 器に盛り分け、別鍋で温めたブロードを注ぐ。

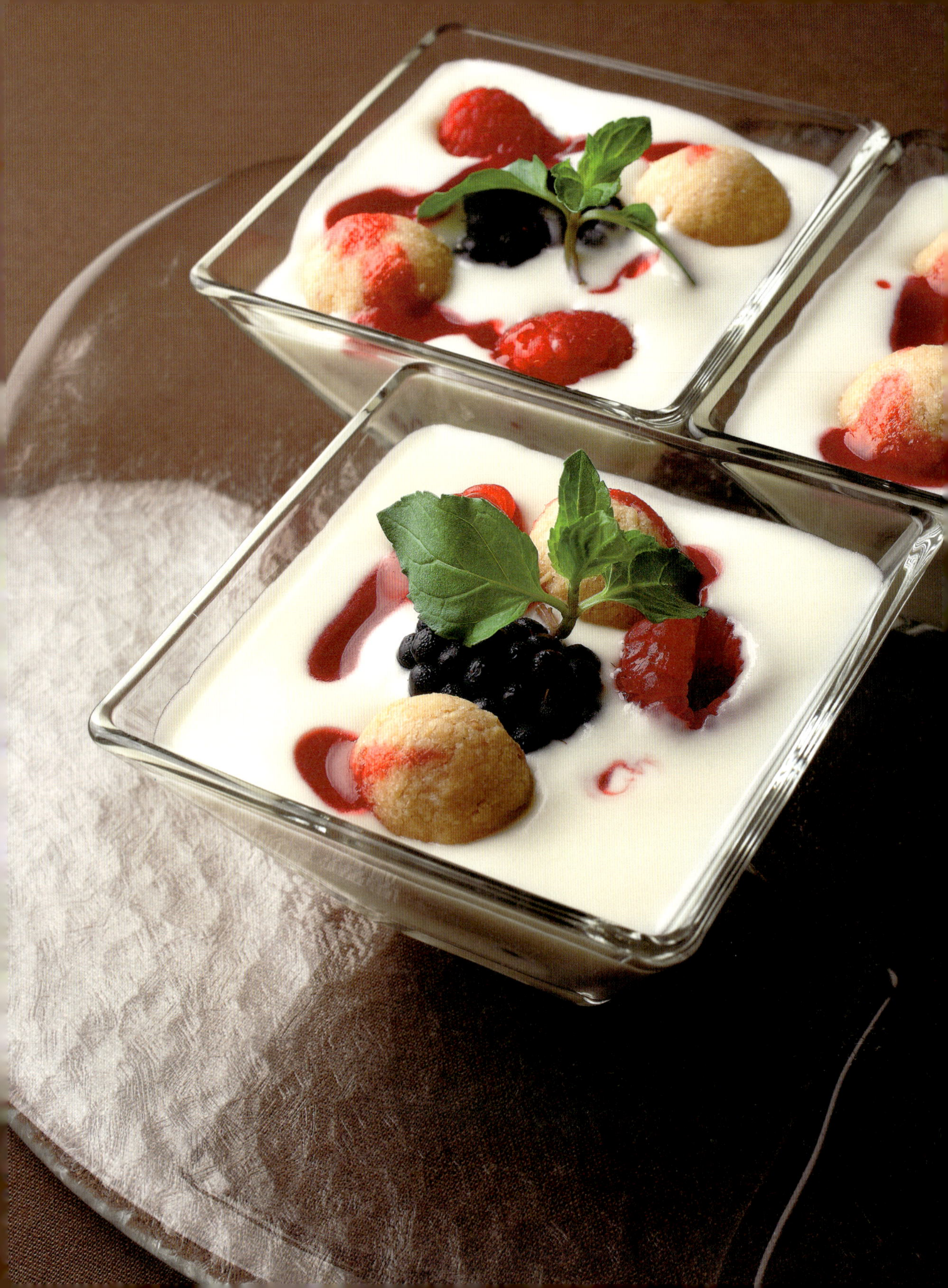

グラッパのクリームとフレゴロッタ
Crema di grappa e fregolotta

ドルチェ(デザート)のスープ。
ヴェネト州特産のグラッパと、
フレゴロッタというトレヴィーゾ名産のビスケットを
組み合わせた。
スープは凍らせてセミフレッドにもできる。

材料 4人分
ホワイトチョコレート … 200g
生クリーム … 100ml
牛乳 … 少量
牛乳(のばす用) … 適量
グラッパ … 50ml
キイチゴ … 8個
ブラックベリー … 8個
ミント … 適量
ラズベリーソース … 適量

フレゴロッタ
|アーモンド … 45g
|ヘーゼルナッツ … 45g
|グラニュー糖 … 75g
|バター … 75g
|小麦粉 … 105g

1 刻んだホワイトチョコレートを湯せんで溶かし、室温の牛乳少量とグラッパを入れ混ぜる。八分立てにした生クリームを加え、もったりしたクリームにする。

2 フレゴロッタを作る。アーモンド、ヘーゼルナッツはローストして皮をむき、バターは室温で柔らかくする。アーモンドとヘーゼルナッツを少量のグラニュー糖を合わせてフードプロセッサーで粉砕する。小麦粉とグラニュー糖、バターと合わせ、ボソッとした生地にする。直径2cmの球体に丸め、160℃のオーブンで約16分間焼く。

3 盛り付ける。器に入れる直前、**1**にさらに牛乳を加え、とろみのあるスープ状にする。器に盛り、フレゴロッタ、木イチゴ、ブラックベリーを浮かべ、ラズベリーソースを回しかけ、ミントを添える。

ヴァルペリーナ風スープ
Zuppa alla valpellinese

ヴァルペッリーネは
ヴァッレ・ダオスタ州の北部にある村。
モンブランやマッターホルンにほど近い
山岳地帯だ。
このグラタン風スープには、
特産のフォンティーナチーズが使われている。
オリーブ油でなく、ラードやバターを使うのも
この州ならではだ。

材料 4人分
- チリメンキャベツ … 1/2個
- フォンティーナチーズ … 8枚（200g）
- 生ハム … 8枚
- ライ麦パン（薄くスライス）… 8枚
- ブロード … 1000ml
- バター … 大さじ2
- 塩 … 適量
- 黒コショウ … 適量

1. チリメンキャベツは下茹でし、大きめに切りバターでソテーする。
2. 耐熱容器を4つ用意し、それぞれにトーストしたライ麦パンを1枚しき、**1**を1/8量、生ハム1枚、フォンティーナ1枚の順に重ねる。これをもう一度繰り返す。
3. 熱いブロードをひたひたまで注ぎ、オーブンで加熱する。
4. 残ったブロードをかけながら食べる。

調理のコツ **3**で注いだブロードを、パンがほとんど吸った状態が出来上がりのサイン。

パヴィーア風卵入りスープ　Zuppa alla pavese

パヴィーアは
ロンバルディア州ミラノの南に位置する県。
「ズッパ・アッラ・パヴェーゼ」は
パンの上に卵を割り入れ
熱々のブロードとグラナ・パダーノをかける
シンプルなスープだ。

1. バゲットは1cm厚さにスライスする。
2. 耐熱容器にバゲットを敷き、卵黄を置き、熱いブロードをひたひたまで注ぐ。
3. グラナ・パダーノをふりオーブンに入れ、卵が半熟になったら取りだす。

材料 4人分
バゲット … 8枚
全卵 … 4個
ブロード … 1000ml
グラナ・パダーノ … 適量

調理のコツ　卵は崩しながら食べる。

イタリア　｜　ヴォーロ・コズィ

カネーデルリ・イン・ブロード
Canederli in brodo

トレンティーノ＝アルト・アディジェ州のスープ。
昔は1年に1度しか
パンを焼かなかったといわれる地方で、
硬くなったパンを利用して様々な料理が生まれた。
カネーデルリはその一つ。チーズ、卵、
生ハムなどを混ぜ、団子状にまとめている。

材料 4人分
バゲット…1本　牛乳…100ml
卵…1個　バター…大さじ1
生ハム…100g　小麦粉…適量
グラナ・パダーノ…大さじ1
塩…適量

コンソメ
　タマネギ…1個　ニンジン…1/2本
　セロリ…1/2本　卵白…適量
　ブロード…3500ml　牛ひき肉…500g

1 バゲットは皮を取り除き、牛乳に一晩つけておく。

2 コンソメをとる。タマネギ、セロリは刻み、ニンジンは薄切りにする。これと牛ひき肉、卵白を絡めてブロードで煮出す。十分にだしがとれたら漉す。

3 カネーデルリを作る。**1**をフードプロセッサーで細かくし、刻んだ生ハム、卵、小麦粉、グラナ・パダーノ、溶かしたバター、塩と合わせ、練る。

4 3を一口大に丸めて茹でる。

5 器にカネーデルリを盛り、コンソメを注ぐ。好みでグラナ・パダーノ（分量外）をかけて食べる。

調理のコツ コンソメを煮出すときは、スープが濁らないよう弱火にし、鍋はあまり動かさない。

乾燥豆のスープ
Minestra di legumi secchi

ヴェネト州のスープ。
今回は4種類の豆と、小さなマカロニ「マッケロンチーニ」を使った。
イタリア人は豆の煮方に一家言あり
煮崩れる寸前のほっくりした食感がベストだ。

材料 4人分

赤インゲン豆…50g　白インゲン豆…50g
ヒヨコ豆…50g　レンズ豆…25g
黒レンズ豆…25g　タマネギのソフリット…10g
ローリエ…1枚　ブロード…300ml
塩、コショウ…適量　オリーブ油…適量
EXVオリーブ油…適量

マッケロンチーニ
中力粉…400g　セモリナ粉…100g
全卵…3個　卵黄…4個
塩…2つまみ　オリーブ油…少量
水…適量

1　全ての豆をそれぞれ水につけて一晩置く。

2　完全に柔らかくなる一歩手前まで豆をそれぞれ塩茹でする。

3　マッケロンチーニを作る。材料を全て合わせて練り、力強くこねてまとめる。ラップに包んで一晩休ませ、パスタマシンでマッケロンチーニを押しだし、2cmの長さにカットする。使用する少し前に茹でておく。

4　鍋にオリーブ油とタマネギのソフリットを入れ軽く炒め、2を加えてさらに炒める。その後ローリエとブロードを加えて20分間煮込む。

5　3を加えて、塩、コショウで味を調え、仕上げにEXVオリーブ油をかける。

魚とトマトの裏ごしスープ
Ciuppin

「チュッピン(Ciuppin)」は
リグーリア州のスープ料理。
リグーリア海に沿ってあるこの州では
魚介料理が多くある。またバジルの
香り豊かなジェノヴェーゼソースのように
ハーブ使いも特徴的だ。

材料 4人分
ホウボウの中骨 … 3匹分
ホウボウの切身 … 1/2尾分
ニンジン … 1本　セロリ … 1/4本
タマネギ … 1個　ニンニク … 1かけ
トマトペースト … 大さじ3
バゲット … 4枚
鷹の爪 … 1個　白ワイン … 200ml
サラダ油 … 適量　オリーブ油 … 適量
EXVオリーブ油 … 適量　塩 … 適量
小麦粉 … 適量　タイム … 適量

1　ホウボウの切身を一口大に切る。

2　鍋にニンジン、セロリ、タマネギを入れ、サラダ油で甘みが出るまでよく炒める。ホウボウの中骨を加えて木べらで潰しながら炒め、白ワインを入れてアルコールを飛ばす。トマトペーストを加え、ひたひたまで水を注ぎ、アクを取りながら約1時間煮出す。

3　別の鍋にニンニク、鷹の爪、オリーブ油を熱し、香りが出たらニンニク、鷹の爪を取りだす。**2**を漉して、この鍋に加え、塩で味を調える。

4　バゲットを薄切りにしてトーストし、ニンニクをすりこむ。

5　器に**3**を盛り、小麦粉をふってソテーしたホウボウとバゲットを添え、EXVオリーブ油をかけ、タイムを添えて仕上げる。

大麦のスープ
Minestra d'orzo

トレンティーノ＝アルト・アディジェ州のスープ。
この州はスイス、オーストリア国境に接する
イタリア最北端の州。
伝統的なパスタ料理はほぼない。
大麦のスープは、
家庭でもよく作られる一品だ。

1. 一晩水につけた大麦にローリエ1枚と塩を入れて茹でる。
2. 野菜をそれぞれ8mm角に、ジャガイモは1cm角に切り、水にさらす。ズッキーニは下茹でをする。
3. 鍋にオリーブ油を入れタマネギを炒める。ニンジン、セロリ、塩を加え、香りが出てきたらジャガイモを加える。
4. 鍋底が色づいてきたらブロードを注ぎ、ローリエも加える。
5. ジャガイモに火が入ったらズッキーニ、大麦を加え、仕上げにグラナ・パダーノ、EXVオリーブ油を回しかける。

材料 4人分
大麦…100g　タマネギ…1個
ニンジン…1/2本　セロリ…1本
ジャガイモ…2個　ズッキーニ…1/2本
ブロード…500ml　ローリエ…2枚
グラナ・パダーノ…適量
塩…適量　オリーブ油…適量
EXVオリーブ油…適量

イタリアの精白した丸麦。日本のような押し麦ではないため、プチプチとした食感を楽しめる。

イタリア　｜　ヴォーロ・コズィ

Column
イタリアのスープ
On Italian Soup

イタリアのスープ分類

イタリア語でスープ全般を指す言葉は「ミネストラ（minestra）」だ。

スープは、パスタやリゾットと同じくプリモ・ピアットとして食べられている。かつてはパスタも「ミネストラ」の一種として扱われており、ペッレグリーノ・アルトゥージ[*1]は『料理の科学と美食の技法』（1891年）で、「ブロードに入ったミネストラ」と「乾いたミネストラ」に分けている。前者がスープであり、後者はパスタ料理のことだ。つまり「ミネストラ」とは、メイン料理の前に、鍋にたっぷり作ったものを「取り分ける（minestrare）」料理であったと思われる。

ただし、スープといっても「飲む」タイプではなく、汁気が少なく具だくさんの「食べる」料理である。とりわけ、イタリアのスープ料理で多くみられるズッパ（zuppa）は、パンをスープに浸す（または添える）ミネストラのこと。食べ応えはある。ズッパの中には、ソパ・コアーダ（p.064）やヴァルペリーナ風スープ（p.068）のように、ブロードを別に用意し、グラタン状に焼いた"スープ"に、だしをかけて食べるという手法もある。食べ応えがあり、パスタと同格に並べられるのも納得できる。

スープの分類としては、以下のようになる。

● **ミネストラ**（minestra）
スープ全般を指すと同時に、下記に入らないスープのカテゴリーでもある。野菜スープ、ピュレ状に潰したタイプ、裏漉しタイプのスープを指す。リージ・エ・ビージ（p.055）も、このカテゴリー。

● **ミネストローネ**（minestrone）
穀類（パスタ、米など）と豆類の入った、具だくさんの野菜スープ。イモやカボチャが入ることも多い。田舎風は野菜の形を残さず煮込むことも。

● **ズッパ**（zuppa）
パンを加えて作ったり、パンを添えたりするスープ。水分は少なめ。リボッリータ（p.046）、パッパ・コル・ポモドーロ（p.050）、ソパ・コアーダ（p.064）、ヴァルペリーナ風スープ（p.068）、パヴィーア風卵入りスープ（p.069）、チュッピン（p.072）などがこれにあたる。

● **ミネストリーナ**（minestrina）
ブロードを生かした、さらりとしたスープ。軽い野菜スープを指すことも。パッサテッリ（p.056）や、ストラッチャテッラ（p.057）など。量も比較的少なめ。

● **ブロード・リストレット**（brodo ristretto）
コンソメのこと。レストランでよく出される。

イタリアの郷土料理

イタリアでは地方ごとに特産物があり、それを利用した独自の家庭料理がある。"イタリア料理"とは、そうした郷土料理（家庭料理）の集合体だ。

スープ料理は北部から中部にかけて豊かである。北部の各州、中部の4州の特色を見てみよう。

● **イタリア北部**
　酪農が盛んなイタリア北部は、バターや生クリーム、チーズを使った料理が多い。

・ヴァッレ・ダオスタ州
　伝統的にはバターやラードを使い、オリーブ油は使わない。パスタはなくポレンタが主食だった。

・ピエモンテ州
　イタリア最後の王家・サヴォア家の拠点であり、ポルチーニなどのキノコ類・ピエモンテ牛など豊かな食材と食文化が育まれてきた。

・リグーリア州
　リグーリア湾に沿ってある州で、かつてはジェノヴァ共和国として発展した。イスラム諸国との交流も盛んで、料理にもその歴史が残る。香草使いも特徴。

・ロンバルディア州
　バターやラード、チーズの特産品が多い。オリーブ栽培も盛ん。

・ヴェネト州
　ポレンタや米を使った料理が豊富。多彩なスパイス使いには、東方交易によるヴェネツィア共和国の繁栄を感じる。

・トレンティーノ=アルト・アディジェ州
　南部のトレンティーノ地方はヴェネト州の食文化に近く、北部は南チロルともいわれ、オーストリアやドイツ系の料理の影響を受けている。

・フリウリ=ヴェネツィア・ジュリア州
　生ハムやワイン醸造の盛んな地。主食はポレンタ。ヴェネト州と料理の共通点を持つが、クミンなどのスパイス使いに東欧の影響が見える。

● **イタリア中部**
　ローマ、フィレンツェなどの都市がある。小麦、野菜、オリーブの栽培が盛ん。パスタは手打ち麺と乾麺の両方が食べられている。

・エミリア=ロマーニャ州
　ボローニャを中心としたエミリア地方は肉料理が豊富。バルサミコ酢の産地でもある。ロマーニャ地方は魚料理が多くあり、油脂は伝統的にラードを使う。

・トスカーナ州
　メディチ家のあるフィレンツェは中世ルネッサンス文化の中心地。宮廷料理が残る一方で、オリーブ油と香草を多用した素朴な農家料理も。

・ウンブリア州
　丘陵地帯が続くこの州では、黒トリュフとオリーブ油が特産。オリーブ油の香りを生かしたシンプルな料理が多い。

・ラツィオ州
　首都ローマがあり、その歴史も長い。温暖な地中海性気候で、果物や野菜、穀物が多く栽培される。羊の放牧も盛んで、ペコリーノチーズなど羊乳のチーズも作られている。

*1 | ペッレグリーノ・アルトゥージ（Pellegrino Artusi）：イタリアの料理書 "La scienza in cucina e l'arte di mangiare bene" の著者。イタリアの各地方の料理を紹介し、「イタリア料理」を体系化した第一人者。

ロシア

Russia

ロシアはユーラシア大陸北部に位置する、
世界最大の面積を持つ国。
ソビエト連邦の崩壊以降は大統領制の共和制国家だ。
かつて庶民の料理は、
「ペーチ(печь)」という暖炉兼かまどで料理していた。
18〜19世紀のロシア帝国時代には、
その領土拡大にしたがって様々な民族の料理が入り融合した。
ペリメニはその一例である。

サモワール
p.078 – 089

—

Column
ロシアのスープ
p.104 – 105

ロシアのブイヨン
p.213

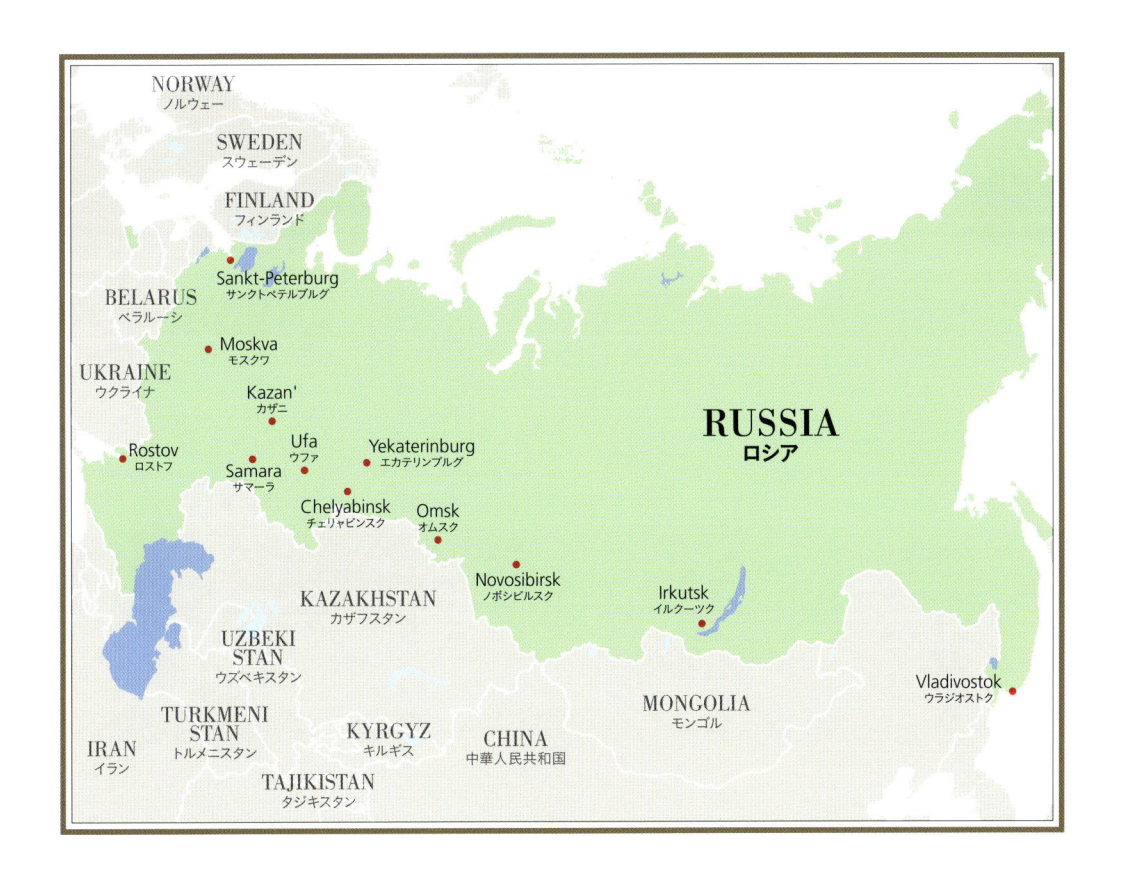

NORWAY	ノルウェー
SWEDEN	スウェーデン
FINLAND	フィンランド
Sankt-Peterburg	サンクトペテルブルグ
BELARUS	ベラルーシ
Moskva	モスクワ
UKRAINE	ウクライナ
Kazan'	カザニ
Rostov	ロストフ
Ufa	ウファ
Samara	サマーラ
Yekaterinburg	エカテリンブルグ
Chelyabinsk	チェリャビンスク
Omsk	オムスク
RUSSIA	ロシア
KAZAKHSTAN	カザフスタン
Novosibirsk	ノボシビルスク
Irkutsk	イルクーツク
UZBEKISTAN	ウズベキスタン
TURKMENISTAN	トルクメニスタン
KYRGYZ	キルギス
CHINA	中華人民共和国
MONGOLIA	モンゴル
Vladivostok	ウラジオストク
IRAN	イラン
TAJIKISTAN	タジキスタン

ロシア | サモワール

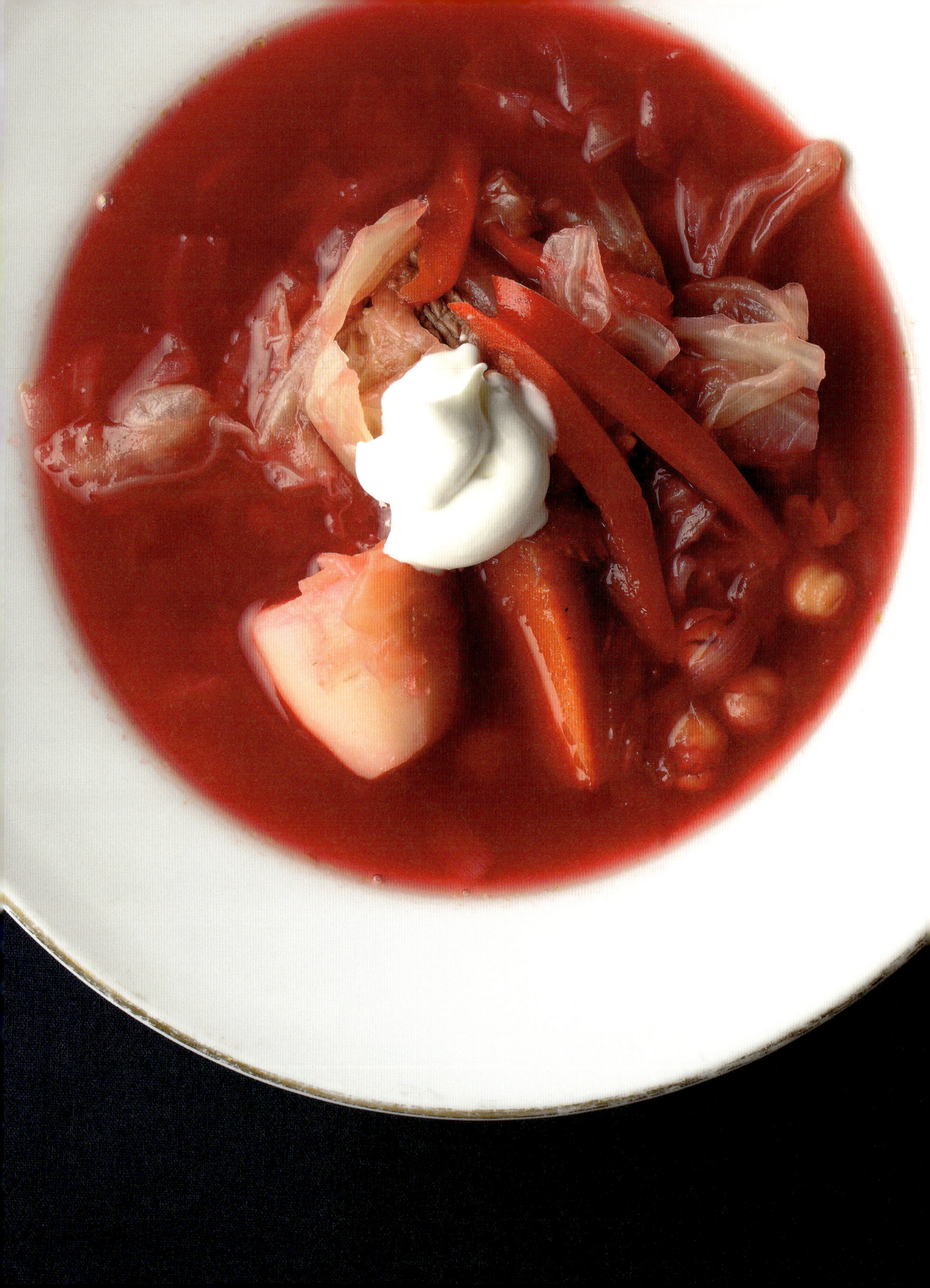

ウクライナ風ボルシチ
Борщ Украинский

ボルシチは元々ウクライナの料理だった。
豚、牛、鶏のどれを使ってもよく
必ずビーツを入れる。
これは先代のレシピに従い、
パプリカ、豆、肉を入れて作っている。

材料 4人分

牛カタロース肉（スープストックを作る際に使ったもの）
… 200g
ビーツ … 100g
タマネギ … 1/2 個
セロリ … 小 1 本
赤パプリカ … 1/4 個
ジャガイモ … 中 1 個
ニンジン … 中 1/3 本
キャベツ … 1/8 個
ヒヨコ豆（水煮）… 1/2 カップ
ニンニク … 1/3 かけ
オリーブ油 … 適量
スープストック (p.213) … 600ml
ローリエ … 1 枚
塩、コショウ … 適量
レモン汁 … 1/4 個分
サワークリーム … 適量

1　牛肉は一口大に切る、タマネギは1cm幅に、セロリ、パプリカは5mm幅の細切りにし、キャベツは3cm角に切る。ジャガイモ、ニンジンは4等分にする。ビーツは皮をむき一口大に切って水煮し、柔らかくなったらピュレ状にする。

2　鍋にオリーブ油をしき、キャベツ、タマネギ、セロリ、パプリカを焦がさないように炒める。

3　野菜がしんなりしたら、スープストック、牛肉、すりおろしたニンニク、ローリエ、ジャガイモ、ニンジンを加える。塩、コショウで味をつけ、10分間煮る。

4　ヒヨコ豆とビーツのピュレを加え、さらに3分間煮たら塩、コショウ、レモン汁で味を調える。器に盛り、サワークリームをのせる。

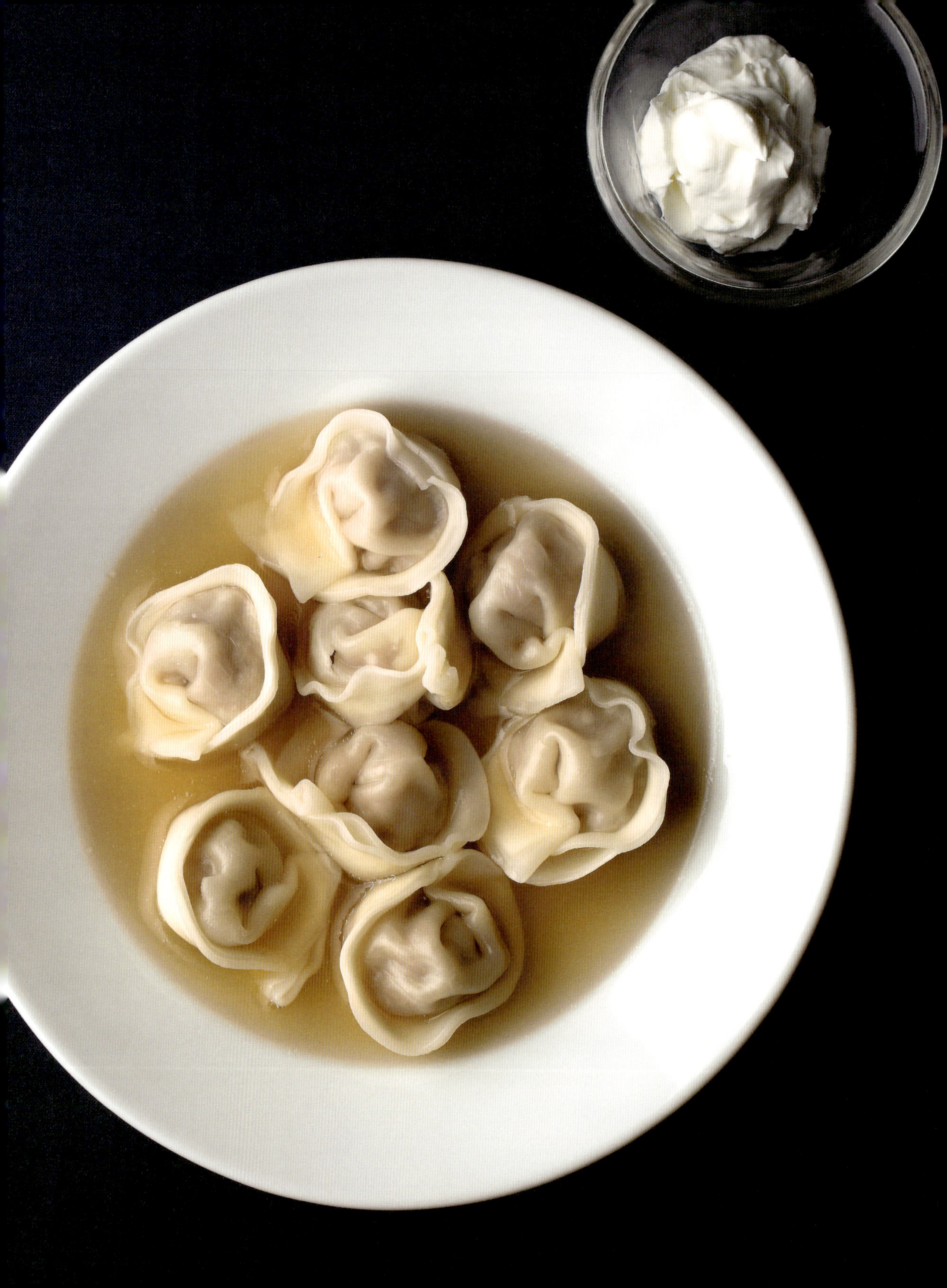

ペリメニ
Пельмени

ロシアの水餃子。
前菜代わりに食べることが多い
人気の1品だ。
茹でたてを、スープとともに
サワークリーム（スメタナ）をたっぷりつけて食べる。

材料 4人分

ペリメニの皮（32個分）
- 薄力粉 … 250g
- 強力粉 … 250g
- 水 … 250ml
- 塩 … 小さじ1

ペリメニの具（32個分）
- あいびき肉（牛ひき肉でもよい）… 300g
- タマネギ … 中1個
- オリーブ油 … 少々

スープストック … 500ml
塩、コショウ … 適量
サワークリーム … 適量

1. ペリメニの皮を作る。ボウルに薄力粉、強力粉、塩を入れ、水を注ぎよく捏ねる。ラップをかけて1時間寝かせる。

2. ペリメニの具を作る。タマネギはみじん切りにし、フライパンで炒める。塩、コショウで味をつけたらバットに移す。冷めたらあいびき肉と混ぜて、よく練る。

3. 包む。台に強力粉（分量外）を打ち、**1**の生地を2mm厚さにのばす。直径10〜11cmの型で抜き、**2**の具をのせる。半月状に折り、端と端をくっつける。

4. 鍋にたっぷりの湯（分量外）を沸かし、塩を少々入れたら、**3**を茹でる。沸騰寸前に火力を保ちながら、ペリメニが浮かんできて1分間茹でたら引き上げる。

5. スープストックは温めて、塩、コショウで味を調えておく。茹であがったペリメニを入れたら火を止め、器に盛る。サワークリームを添えて出す。

野菜のボルシチ
Овощной борщ

先代がロシアで食べたというボルシチは牛のスープストックを使っているが具は野菜のみである。
ボルシチの具を食べながらお酒をのみ最後にスープを飲むという人も多い。

材料 4人分
キャベツ … 1/8個
タマネギ … 1/2個
セロリ … 小1本
ジャガイモ … 中1個
ニンジン … 1/4本
ビーツ（ピュレ）… 100ml
オリーブ油 … 適量
スープストック … 600ml
ローリエ … 1枚
塩、コショウ … 適量
レモン汁 … 1/4個分
サワークリーム … 適量

1. タマネギは1cm角に、セロリは3mm幅の細切り、キャベツは3cm角に切る。ジャガイモとニンジンは4等分にする。

2. 鍋にオリーブ油をしき、キャベツ、タマネギ、セロリを焦がさないように炒める。しんなりしたらスープストック、ローリエを加え、塩とコショウで味をつけ、20分間煮る。

3. ジャガイモ、ニンジンを加えて10分間煮たら、ビーツのピュレを加えてさらに3分間煮る。

4. 塩、コショウ、レモン汁で味を調え、器に盛り、サワークリームをのせる。

シチー
Щи

ロシアではジャガイモが普及する以前から
キャベツが食べられていた。
このキャベツのスープは
ロシア北部の伝統料理で
「シチー」と「シィー」の中間的な発音だ。
肉は入らないこともある。

材料 4人分
牛カタロース肉（スープストックを作る際に使ったもの）
…200g
キャベツ…1/8個　タマネギ…1/2個
セロリ…小1本
ジャガイモ…中1個　トマト…1個
バター…20g
スープストック…600ml　ローリエ…1枚
塩、コショウ…適量
サワークリーム…適量

1　牛肉は1cm角に切る。キャベツとタマネギ、セロリは粗い千切り、ジャガイモは1cm角に切る。トマトは湯むきしてタネを取り除き、1cm角に切る。

2　鍋にバターを入れ、キャベツ、タマネギ、セロリを入れ、柔らかくなるまで炒める。

3　スープストックとローリエを加えて塩、コショウで味をつけ、10分間煮たら、ジャガイモを加えてさらに5分間煮る。

4　ジャガイモが柔らかくなったらトマトを加え、さっと煮立たせたら、塩、コショウで味を調える。器に盛り、好みでサワークリームをのせる。

ロシア　｜　サモワール

肉のサリャンカ
Мясная Солянка

ウクライナや東欧で「ソリャンカ」と呼ばれる
このスープは、ロシアで
「サリャンカ」という呼称で定着した。
肉、魚、キノコのサリャンカが代表的で、
肉はハムやサラミなどの
加工肉のうまみが生きる。

材料 4人分

牛カタロース肉（スープストックを作る際に使ったもの）
… 100g
ハム … 100g　サラミ … 30g
ウィンナソーセージ … 3本
ピーマン … 1/2個　赤パプリカ … 1/4個
ピクルス … 中2本　スープストック … 600ml
ビーツのピュレ … 100ml
レモン汁 … 1/4個分　オリーブ … 4粒
ケイパー … 12粒　万能ネギ … 適量
サワークリーム … 適量
塩、コショウ … 適量

1　ウィンナソーセージは輪切りに、万能ネギは小口切りにする。そのほかの材料はすべて5mm角に切る。

2　鍋でスープストックを温め、塩、コショウで味をつけたら、5mm角に切った材料を入れて10分間煮る。

3　ビーツのピュレ、レモン汁、オリーブを加えて、塩、コショウで味を調えたら、器に盛ってケイパーと万能ネギを飾り、サワークリームをのせる。

魚のサリャンカ
Рыбная Солянка

ライムの入った、酸味のあるスープ。
チョウザメを使うこともあるが
今回はタラを使った。
ディルも入って、すっきりとした味わいだ。

材料 4人分

タラ … 300g
タマネギ … 中1個　ピーマン … 1/2個
赤パプリカ … 1/4個　ピクルス … 中1本
トマト … 1個　オリーブ … 4粒
オリーブ油 … 適量
魚のアラでとったスープ … 600ml
ライム（スライス）… 4枚
レモン汁 … 1/4個分　ケイパー … 12粒
ローリエ … 1枚
万能ネギ … 適量　ディル … 適量
サワークリーム … 適量
塩、コショウ … 適量

1　タラは皮と骨を取り除き、3cm角に切り湯通しする。タマネギは粗みじん切りに、ピーマン、パプリカ、ピクルスは5〜6mm角に切る。トマトは湯むきして種を取り除き、1cm角に切る。

2　鍋にオリーブ油をしき、タマネギ、ピーマン、パプリカを焦がさないように炒める。

3　魚のアラでとったスープ、ピクルス、ローリエを加え、塩、コショウで味をつけ、5分間煮る。

4　タラとトマト、オリーブを加え、さらに5分間煮たら、レモン汁、塩、コショウで味を調える。

5　器に盛り、ケイパー、ライム、万能ネギ、ディル、サワークリームをのせる。

牛肉のつぼ焼き
Жаркое

「ジェルコエ」といわれるこの料理
実はロシアでの歴史は浅い。
シイタケが入るのは、
戦後から始めた同店のオリジナル。
蓋のパイ生地はシチューに浸さずに食べる。

材料 4人分

牛カタロース肉（スープストックを作る際に使ったもの）
　… 500～600g
マッシュルーム … 大4個
シイタケ … 4個　エリンギ … 1本
シメジ … 1/2パック　ジャガイモ … 中1個
デミグラスソース … 600ml

パイ生地

　小麦粉 … 100g
　バター … 25g
　水 … 25～28ml

1　パイ生地を作る。ボウルに小麦粉、バター、水を入れてよく練る。4つに分けラップで包み、1時間置く。その後円形にのばし（大きさは器の直径に合わせる）、180℃のオーブンで9分間焼く。余熱で20分おく。

2　牛肉は3cm角に、エリンギとジャガイモは4等分に切る。シメジは石づきを切り落とし、適当な大きさに分ける。

3　キノコとジャガイモを下茹でする。

4　鍋でデミグラスソースを温め、キノコ、ジャガイモ、牛肉を入れて軽く煮込む。その後、深めの容器（壺）に入れ、ラップで蓋をして10分間湯せんをする。

4　壺の上にパイ生地の蓋をのせる。

ビーフストロガノフ
Бефстроганов

代表的なロシア料理で、
発祥については諸説ある。
デミグラスソースで牛肉を煮たものが
世界的に有名であるが
ロシアでは牛肉のサワークリーム煮だ。
付け合わせはフレンチフライが定番。

材料 4人分

牛ヒレ肉 … 400g
タマネギ … 1個
マッシュルーム … 6〜8個
スープストック … 300ml
牛乳 … 100ml
生クリーム … 100ml
サワークリーム … 90ml
バター … 大さじ1
サラダ油 … 大さじ1
塩、コショウ … 適量

1 牛ヒレ肉は5mmの細切りに、タマネギは粗めのみじん切り、マッシュルームは薄切りにする。

2 鍋にバターとサラダ油を入れ、牛ヒレ肉を中火で色づくまで炒める。タマネギ、マッシュルームを加えて焦がさないように炒める。

3 タマネギが透き通ってきたらスープストックを加え、塩、コショウで味をつけて10分間煮る。

4 牛乳、生クリームを加え、軽く煮立たせたら弱火にし、サワークリームを少しずつ入れる。最後に塩、コショウで味を調える。

5 器に盛り、細切りのフレンチフライ(分量外)を添えて出す。

ロシア | サモワール

クワスのスープ
Окрошка

クワス(квас)は大麦を発酵させた飲料。そのまま飲むほか、ハムや野菜と合わせて、冷たいスープにすることもある。それが「オクローシカ」という、このスープだ。茹で卵のソースを溶かしながら食べる。

材料 4人分
ハム…100g　キュウリ…1本
赤パプリカ…1/3本　セロリ…1/3本
タマネギ…1/4個　クワス…600ml
レモン汁…1/8個分　ミント…少々
万能ネギ…少々

茹で卵のソース
　茹で卵…1個
　サワークリーム…90g
　マスタード…小さじ2
　塩…小さじ1

1　ハムは5mm角に切る。キュウリ、パプリカ、セロリ、タマネギは5mm角に切り、塩を少々振り5分ほど置き、水気を切る。

2　茹で卵のソースを作る。卵を裏ごししてサワークリーム、マスタード、塩と合わせる。

3　クワスに1とレモン汁、ミントを入れ、冷やす。器に盛り、万能ネギを散らし、茹で卵のソースを添えて出す。

クワスは黒パンの材料で作られていた。麦茶パックを濃く煮出し、砂糖と干しブドウを加えて煮、冷めたらイーストを入れ発酵させるとできる。レーズンが浮いてきたら(写真)ちょうどよい発酵。発酵が進むと甘みが抜け、酸味が出てくる。

キセーリ
Кисель

果汁の入った葛湯のような
冷たいデザートスープ。
リンゴの砂糖煮など、保存用の果物を
使って作られる。
モモやプラムなどで作ってもおいしい。

1 リンゴは皮をむき、芯を取って1cm角に切る。

2 鍋にリンゴ、砂糖、レモン、水を入れて15分間煮る。

3 レモンを取り除き、裏ごしをして鍋に戻し、レモン汁を加え、煮立たせる。

4 煮立ったら弱火にして、水で溶いた片栗粉を入れかき混ぜる。粗熱をとったら器に入れ、冷蔵庫で冷やす。最後にミントの葉を飾る。

材料 4人分
リンゴ … 2個
砂糖 … 100g
片栗粉 … 大さじ1
レモン（スライス）… 2枚
レモン汁 … 1/4個分
水 … 400ml
ミントの葉 … 少々

スウェーデン、北欧

Sweden, Northern Europe

北欧とは、スウェーデン、デンマーク、ノルウェーの
スカンジナビア3国と、
バルト海を挟んだ隣国フィンランド、
北大西洋上のアイスランドの5ヶ国を指している。
サケなどの魚やトナカイ肉など
北欧ならではの食材は、
伝統料理はもとより、
世界が最も注目する現代料理、
「ノルディック・キュイジーヌ」にも生かされている。

レストラン・ストックホルム
p.092 – 103

—

スウェーデンのブイヨン
p.213

ICELAND
アイスランド

Reykjavik
レイキャビク

RUSSIAN
ロシア

Oulu
オウル

Trondheim
トロンヘイム

SWEDEN
スウェーデン

Umeå
ウメオ

FINLAND
フィンランド

NORWAY
ノルウェー

Bergen
ベルゲン

Oslo
オスロ

Turku
トゥルク

Helsinki
ヘルシンキ

Stockholm
ストックホルム

ESTONIA
エストニア

Göteborg
イェーテボリ

Aalborg
オールボー

LATVIA
ラトビア

DENMARK
デンマーク

Copenhagen
コペンハーゲン

LITHUANIA
リトアニア

GERMANY
ドイツ

POLAND
ポーランド

RUSSIAN
ロシア

BELARUS
ベラルーシ

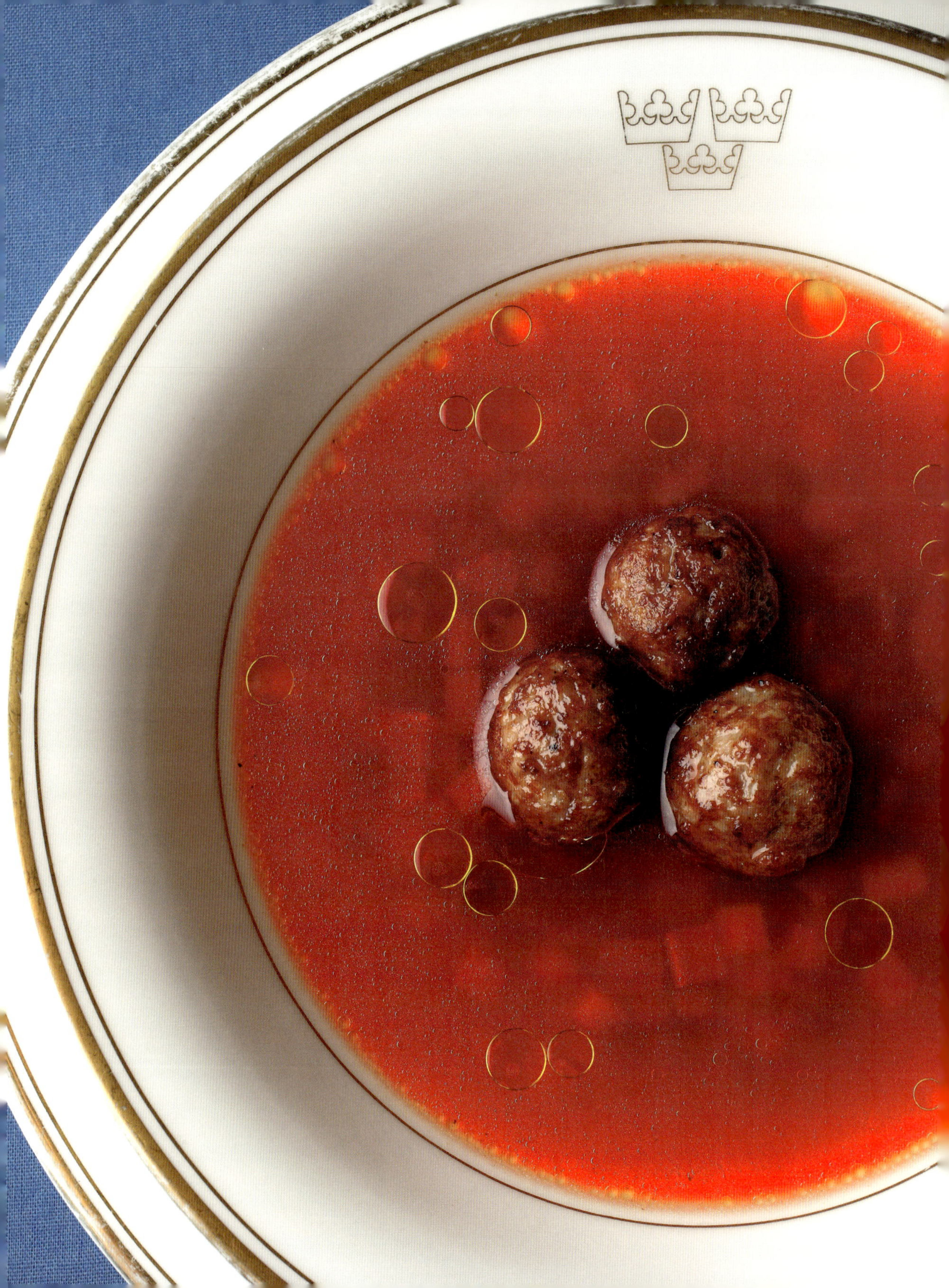

スウェディッシュミートボールと赤カブのブイヨンスープ
Köttbullar soppa

スウェーデンといえば、
ベリーのソースのかかったミートボールを
連想する人も多いかもしれない。
ここでは贅沢な
鴨肉入りミートボールを紹介するが、
合挽きで作ってもいい。

材料 4〜6人分

ミートボール
- 牛ひき肉 … 250g
- 仔牛ひき肉 … 250g
- 鴨ムネ肉(ひき肉) … 200g
- 豚ひき肉 … 600g
- タマネギ … 1個(みじん切りで炒める)
- パン粉 … 100g
- ウスターソース … 小さじ1/2
- 全卵 … 1/2〜1個
- 塩 … 15g
- 黒コショウ … 3g

スープ
- ニンジン … 1本
- タマネギ … 1個
- セロリ … 2本
- ビーツ(赤カブ) … 1/2個
- ニンニク … 1/2かけ
- 野菜ブイヨン(p.213) … 1000ml
- 塩・コショウ … 適量
- オリーブ油 … 適量

1. ミートボールを作る。牛、仔牛、鴨、豚肉をボウルに入れ、つなぎができるまでよくこねる。そこに残りの材料全てを加え、さらによく練る。10gのボール状に丸め、油(分量外)で揚げる。

2. スープを作る。ニンニクをみじん切りにしてオリーブ油で炒め、5mm角に切ったニンジン、タマネギ、セロリを加えてさらに炒める。

3. 野菜ブイヨンを入れ煮込む。ビーツは5mm角に切り、別鍋で茹でておく。

4. 野菜に火が通ったら、ビーツを加え、塩、コショウで味を調える。

5. 器にミートボールを入れてオリーブ油(分量外)をかけ、スープを張る。

調理のコツ
ミートボールは出来ればラードで揚げる。
スープはミートボールの味を邪魔しない優しい味付けに。

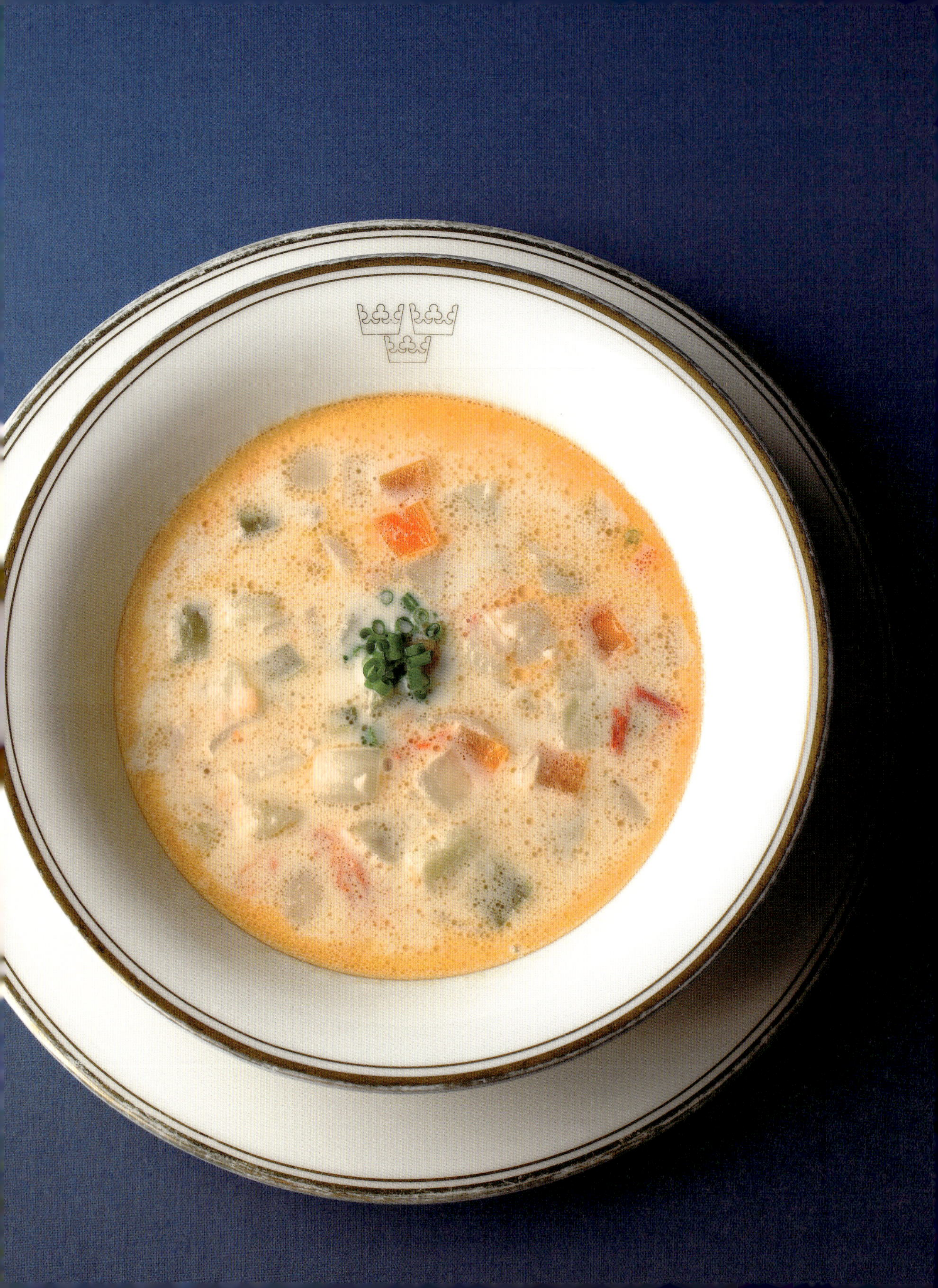

フィンランド風
サーモンクリームスープ
Lohikeitto

フィンランドの代表的な家庭料理。
保坂シェフは漁港の食堂で食べたという。
クリームを入れない作り方や
マッシュルームや
ディルの香りをきかせた作り方も
人気だ。

材料 4人分
- サケ（サーモンフィレ）… 1/2枚
- タマネギ … 1個
- ニンジン … 1本
- セロリ … 2本
- トマト … 2個
- ジャガイモ … 1個
- ニンニク … 半かけ
- バター … 50g
- 塩・コショウ … 適量
- 生クリーム … 300ml
- 牛乳 … 100ml
- 野菜ブイヨン … 1000ml

1. 野菜は5mm角に、サーモンフィレは1cm角に切る。ニンニクはみじん切りにする。
2. サーモンフィレを野菜ブイヨンでしっかりと茹で、ザルに上げる。茹で汁はとっておく。
3. 鍋にバターをしき、ニンニク、ニンジン、タマネギ、セロリを入れて炒める。
4. 2の茹で汁を加えて沸騰したらアクをとり、ジャガイモとトマトを加える。
5. 再び沸騰したらサーモン、生クリーム、牛乳を加え、塩で味を調える。

調理のコツ 生クリーム、牛乳を加えたら煮込み過ぎないこと。北欧の伝統的なクリスピーブレッド「クネッケ」をつけて食べてもおいしい。

北欧 | レストラン・ストックホルム

白インゲン豆と
漬け込み豚肉のスープ
Ärtsoppa

スウェーデンでは木曜日に
黄エンドウ豆のスープと
薄いパンケーキを食べる習慣がある。
今回はその「木曜日のスープ」を
白インゲン豆を用いて再現した。

1 白インゲン豆は1日水に漬けて戻し、タイム、ローリエ、セージを入れて1時間煮込む。

2 1をザルで濾し、白インゲン豆と野菜ブイヨンを、1cm角に切った豚肉とともに鍋に入れる。沸騰したら弱火で2時間煮込む。

3 豆が煮崩れる直前まで煮込み、最後に塩とコショウで味を調える。

材料 4人分
白インゲン豆 … 500g
黒豚ロース肉（ソミュール液に漬け込む）… 300g
タイム … 1本
ローリエ … 1枚
セージ … 少々
野菜ブイヨン … 1000ml
塩・コショウ … 適量

調理の
コツ　豚肉はソミュール液に1週間程度漬け込む。少量より5キロ程度の塊が扱いやすい。

冷製コンソメ ルビー

ビーツ（赤カブ）は、
スカンジナビア諸国でよく用いられる。
鮮やかなルビー色を生かした
黒毛和牛の贅沢なコンソメは、
先代からのスペシャリテだ。

1. 牛肉、鶏ガラ、卵白をよく混ぜて鍋に入れる。
2. 野菜ブイヨン、ニンニク、ローリエ、タマネギの皮の順に加え、火にかけ5〜7時間弱火で煮込む。
3. すりおろしたビーツを加えてシノワで濾す。
4. 塩とコショウで味を調えたら、鍋ごと氷水に当てて一気に冷ます。

材料 4〜6人分
- 黒毛和牛（5mm角に切る）… 10kg
- 鶏ガラ … 5kg
- 卵白 … 1000ml
- 野菜ブイヨン … 10ℓ
- タマネギの皮 … 10個分
- ニンニク … 1個
- ローリエ … 2〜3枚
- ビーツ（赤カブ）… 1個
- 塩・コショウ

調理のコツ　沸騰するまでは強火で。卵白が固まり始めたらドーナツ状にし、弱火で濁らないように煮込む。

北欧　｜　レストラン・ストックホルム

トナカイのスープ

フィンランドのラップランド地方や
ノルウェーで食べられるトナカイ肉。
ベリー類のソースを合わせた煮込みが多いが
ここではブイヨンスープ仕立てにした。
トナカイ肉・骨は稚内産を使用している。

1 トナカイのブイヨンを取る。Aを鍋に入れ、アクをとりながら3〜5時間煮こみ、漉したら粗熱をとって冷蔵庫で冷やす。固まった脂は取り除く。

2 野菜とトナカイ肉を5mmの角切りにする。野菜をオリーブ油で炒め、1を加えて煮込む。

3 塩、コショウで味を調え、仕上げにトナカイ肉、ドライシェリーを加える。

材料 4〜6人分

A
- トナカイ骨（サドル）… 5kg
- 野菜ブイヨン … 3000ml
- 水 … 2000ml
- ローリエ … 3枚

ニンジン … 1本　タマネギ … 1個
セロリ … 2本
ニンニク（みじん切り）… 3かけ
トナカイ肉 … 500g
塩・コショウ … 適量
ドライシェリー … 少々

調理のコツ　トナカイのブイヨンは濁りやすいので、弱火でアクをこまめにすくう。トナカイ肉は生食用を使い、レアの火入れに。

ビスク
先代シェフのアレンジで

デンマークとノルウェーの海峡や
グリーンランド周辺では
エビやロブスターなどが獲れる。
フランス料理店で修業した
先代シェフのレシピで
ビスク風ポタージュを作った。

材料 4人分
ワタリガニ … 2kg
グリーンランド産甘エビ … 500g
タマネギ … 2個
ニンジン … 1本
ブランデー … 100ml
赤ワイン … 100ml
野菜ブイヨン … 2000ml
バター … 大さじ4
生クリーム … 500ml　牛乳 … 250ml
塩・コショウ … 適量
ドライシェリー … 少々

1. 砕いたワタリガニと甘エビをバターで炒め、赤ワインとブランデーでフランベする。野菜ブイヨンを加え、2時間煮込んだらシノワで濾す。

2. タマネギ、ニンジンを乱切りにしてバターで炒め、野菜に甘みが出たら1のスープを加え1時間煮る。

3. ミキサーにかけパソワで濾す。

4. 生クリーム、牛乳、塩こしょうで味を調えて、仕上げにドライシェリーで香りづけする。茹でて殻をむいた甘エビ（分量外）を飾りにのせる。

調理のコツ　つなぎを使わず、野菜からとろみと甘みを出すため、炒めるときはじっくりと。

北欧　｜　レストラン・ストックホルム

ヴィーガン・ヴィシソワーズ

スウェーデンの主食といえばジャガイモ。
特に初夏の新ジャガイモは貴重で
酢漬けニシンやサワークリームと並ぶ、
祭りの伝統食だ。
今回は夏らしく、野菜だけで
さっぱりとした味の冷製ポタージュを作った。

1. タマネギ、ジャガイモを乱切りにし、EXVオリーブ油で炒める。
2. 野菜ブイヨンをひたひたになる位まで入れ、ローリエを加え、塩とコショウで下味をつけたら弱火で煮込む。
3. ジャガイモが柔らかくなったら、ミキサーにかけてシノワで濾す。
4. 3が冷えたら野菜ブイヨンでのばし、塩で味を調える。器に盛り、EXVオリーブ油(分量外)をかける。

材料 4人分
タマネギ…2個
ジャガイモ…6個
野菜ブイヨン…1500ml
ローリエ…2枚
塩・コショウ…適量
EXVオリーブ油…100ml

調理のコツ　デンプン質をとっておくため、ジャガイモは水にさらさない。

マッシュルームの冷製クリームスープ

スウェーデンで、
秋の訪れを告げる食材といえば、
マッシュルーム。
市場に山ほど出回る短い秋が過ぎると
10月頃から長い冬がやってくる。

1. マッシュルームとタマネギを乱切りにして、オリーブ油で炒め、甘みが出たら野菜ブイヨンとローリエを加え30分間煮込む。

2. ローリエを外し、ミキサーにかけ、濾して冷ます。

3. 生クリーム、牛乳、塩、コショウで味を調える。器に盛り、EXVオリーブ油をかける。

材料 4～6人分
マッシュルーム … 1kg
タマネギ … 300g
野菜ブイヨン … 1000ml
ローリエ … 2枚
生クリーム … 500ml
牛乳 … 500ml
オリーブ油 … 適量
塩・コショウ … 適量
EXVオリーブ油 … 適量

北欧 | レストラン・ストックホルム

トウモロコシの冷製スープ フィンランドの水で

フィヨルドが続き、数千もの湖があるフィンランド。
氷河から溶けだす水は、
透明度の高さで定評がある。
なめらかな軟水で
甘みのあるトウモロコシと相性がいい。

1 トウモロコシを掃除する。実、芯、皮とに分ける。

2 芯、皮とローリエを鍋に入れ「VOSS」を注ぎ、1〜2時間煮込み、漉す。

3 トウモロコシの実と2を鍋に入れ、トウモロコシが柔らかくなるまで煮込み、ミキサーにかけ、漉す。

4 冷ましたら野菜ブイヨンで伸ばし、塩とコショウで味を調える。器に盛り、EXVオリーブ油をかける。

材料 4人分
生食用トウモロコシ … 6本
ミネラルウォーター「VOSS」… 1500ml
ローリエ … 2枚
塩・コショウ … 少々
野菜ブイヨン … 500ml
EXVオリーブ油 … 適量

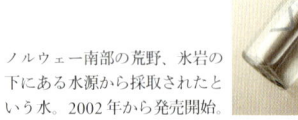

ノルウェー南部の荒野、氷岩の下にある水源から採取されたという水。2002年から発売開始。

ルバーブの
フルーツスープ

北欧ではフルーツのスープが食べられる。
スウェーデンでは
ローズヒップやブルーベリーなどの
とろみのあるスープが、
ノルウェーでは
イチゴとルバーブのスープが代表的だ。

材料 4〜6人分
ルバーブ … 1kg
リンゴ … 4個
砂糖 … 200g
塩 … 少々
水 … 500ml
生クリーム … 50〜100ml
カルバドス … 少々

1 リンゴは皮をむき、芯を取りスライスする。ルバーブも同様にスライスする。

2 リンゴの皮、芯を水から煮る。リンゴの皮の色が抜けたら、火を止めて濾す。

3 リンゴ、ルバーブを 2 と砂糖で煮る。

4 ルバーブが溶けて、リンゴが柔らかくなったら、ミキサーにかけて濾す。

5 冷めたら、生クリームと塩で味を調え、仕上げにカルバドスを振りかける。器に盛り、好みでルバーブのシロップ煮（分量外）を刻んで飾る。

北欧 | レストラン・ストックホルム

Column
ロシアのスープ
On Russian Soup

ロシアの食事はスープから

　前菜、スープ、メインディッシュ、デザート……と順番に提供される方式は、フランス料理などでよく知られているが、この料理の出し方はロシアが発祥である。

　モスクワ公国が領土を拡大していった16〜17世紀、貴族たちは豪勢な食卓を競うようになり、数十にものぼる大量の料理を何度にも渡って給仕させるようになった。また「ザクースカ」という前菜が古くから発達していたため、それを本来の食事の前に出すという習慣が既に根付いていたという。

　対して、一度にすべての料理を食卓に出す方式をとっていたフランスでは、一つの料理を食べている間に他の料理が冷めてしまうなどの欠点を改善するため、ロシア式の給仕方法を取り入れた。これは実に19世紀末のことである。

　貴族の食習慣であったロシア式サービスは、今ではロシア中のレストランに定着している。その順番とはこのようなものだ。

1 ｜ザクースカ（前菜）
2 ｜第一の料理（スープ）
3 ｜第二の料理（メイン・ディッシュ）
4 ｜デザート

　つまり「本当の」料理が始まるのはスープからといえる。

　それではロシアの代表的なスープは何かというと、実は非常に難しい。代表格として知られるボルシチ（p.078、p.082）は、もともとウクライナの料理で、ロシア語の辞書に掲載されるようになるのは18世紀まで待たねばならない。さらにボルシチはウクライナ風を中心として、ロシア各地方によって48種類もあるともいわれている。入れる具材も様々だ。

　シチー（p.083）は9世紀のキエフ公国時代からすでに食べられていた。材料で使われているキャベツは、ジャガイモが普及する19世紀後半よりはるか前から、ロシアの農民たちに親しまれていた。「ペーチ」といわれるロシア式暖炉に鍋や壺をかけて、長時間ゆっくりと煮込まれてるこのスープは、飽きのない優しい味。「実の父よりもシチーは飽きがこない」など、シチーが登場することわざも多い。

ビーツなしでは始まらない

　ロシア料理に欠かせない食材の代表的なものといえば、何といってもビーツだろう。ロシア語では「スヴョークラ」といわれ、ボルシチだけでなくサラダなど様々な料理に使われる。

　カブのような形をしていることから、日本では「赤カブ」ともいわれるが、カブとは種類が違うアカザ科の植物だ。ロシアでは10〜11世紀には知られるところとなり、14世紀ごろからキャベツとともに一般にも普及するようになった。

　現在、ロシアでは、食用ビーツ、飼料用ビーツ、砂糖採集用ビーツの3種類を生産している。

生産量も多く、ソ連時代には砂糖の一大産地としても知られていた。

　食用ビーツには品種がいくつかあるが、どれも中は赤ワイン色をしている。根の部分はかなり硬く、一度下茹でしてから使うことも多い。テンサイ（砂糖ダイコン）に近い種類ゆえ、糖分も高く、スープに入れると独特の甘さがある。このビーツの甘みとサワークリーム（スメタナ）との相性のよさは抜群だ。

周辺国の多彩なスープ

　ロシア帝国は、自らの領土拡大に従って、様々な民族を一つの国家に取り込んでいった。現在もロシアには、ロシア人をはじめ、タタール人、ウクライナ人、ベラルーシ人など、100以上の民族が共生している。

　こうした多民族国家であることも、ロシアの料理を多彩にしている。スープ料理に関連して、周辺国の代表的なスープを紹介しよう。

● **ウクライナ**
　ポーランドやベラルーシと共通した食文化の土壌を持つ。ボルシチの発祥の地でもある。ヴーシュカという、小麦粉の生地でキノコとタマネギを炒めたものを包んだワンタン状のものは、ブイヨンに入れたり、クリスマス時にはボルシチに入れたりする。

● **ベラルーシ**
　ジャガイモや豚肉、ラードをよく使う。素材の形が見えないほど、キャベツと肉を煮込んだスープ料理「ビゴス」が名物だが、これは元々ポーランド料理だという。

● **グルジア**（P.179 地図）
　様々な香辛料、香草を使うのが特徴。スパイスの効いた牛肉と米のスープ、ハルチョーは、グルジアの代表的な料理。酸味のあるスープだ。

● **アルメニア**（P.179 地図）
　カスピ海にほど近いアルメニアで好まれているスープ料理は「ボスバシュ」。羊肉でブイヨンを取って野菜や果物を煮込む、酸味のあるスープ。

● **モルドヴァ**
　ウクライナの南に位置するモルドヴァはルーマニアと共通の文化地盤をもつ。モルドヴァ風ボルシチにはビーツは入れない。

ドイツ
Germany

ドイツは16の連邦州からなる連邦共和国である。
ヨーロッパで7番目に広い国土を持ち、
平坦な北部、山岳が連なる中部、
広大な森林を抱える南西部、
アルプスの山々など、地形は変化に富んでいる。
黒海へ流れるドナウ河の源泉をもち、
かつては河から東方の食文化が伝わった。
多彩な香辛料使いはその賜物だ。

ツム・アインホルン
p.108 – 121

Column
ドイツのスープとジャガイモ
p.148 – 149

ドイツのブイヨン
p.214

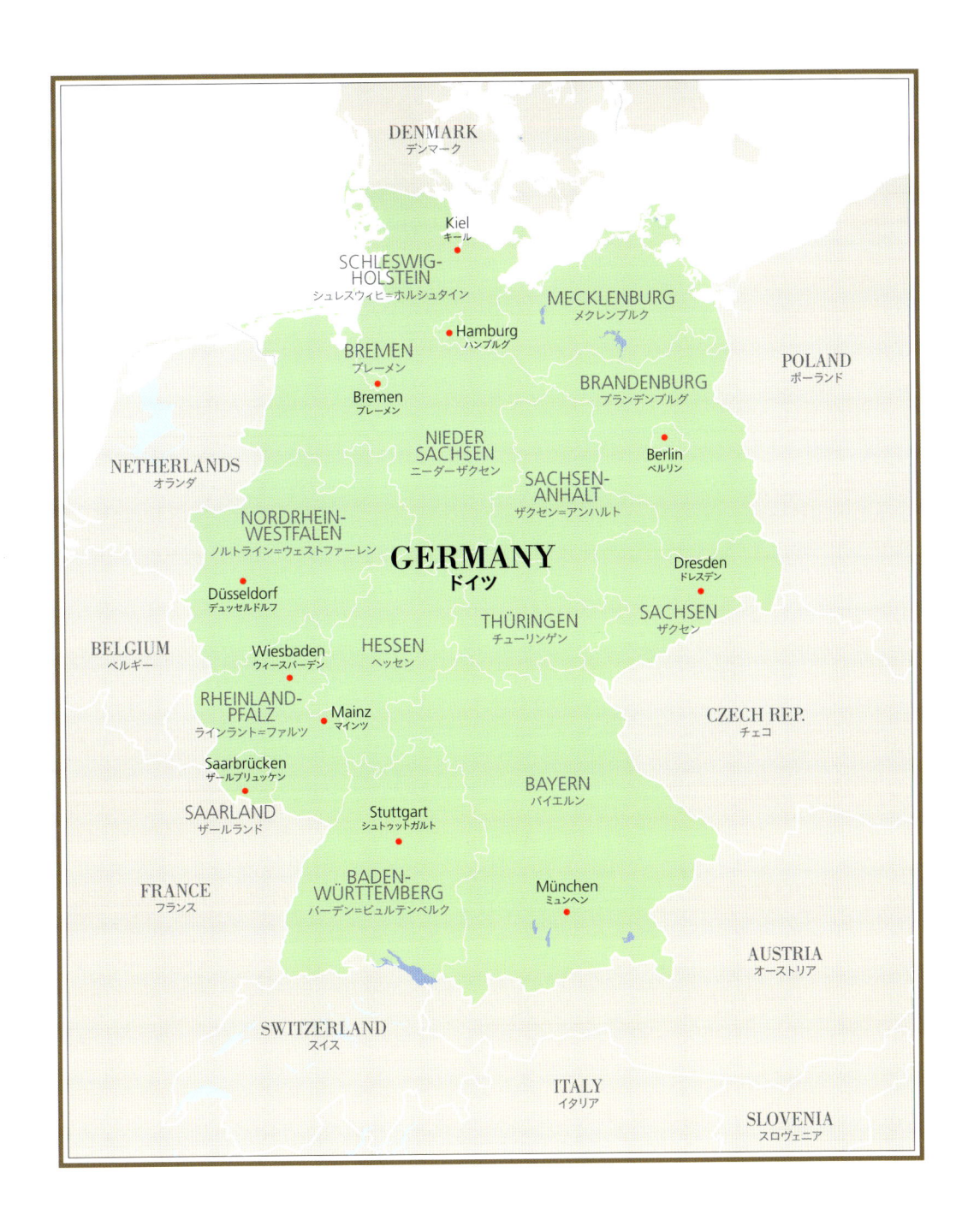

GERMANY
ドイツ

- DENMARK / デンマーク
- SCHLESWIG-HOLSTEIN / シュレスヴィヒ＝ホルシュタイン
  - Kiel / キール
- MECKLENBURG / メクレンブルク
- Hamburg / ハンブルグ
- BREMEN / ブレーメン
  - Bremen / ブレーメン
- BRANDENBURG / ブランデンブルグ
- POLAND / ポーランド
- NETHERLANDS / オランダ
- NIEDERSACHSEN / ニーダーザクセン
- SACHSEN-ANHALT / ザクセン＝アンハルト
- Berlin / ベルリン
- NORDRHEIN-WESTFALEN / ノルトライン＝ウェストファーレン
  - Düsseldorf / デュッセルドルフ
- THÜRINGEN / チューリンゲン
- SACHSEN / ザクセン
  - Dresden / ドレスデン
- HESSEN / ヘッセン
  - Wiesbaden / ウィースバーデン
- BELGIUM / ベルギー
- RHEINLAND-PFALZ / ラインラント＝ファルツ
  - Mainz / マインツ
- CZECH REP. / チェコ
- SAARLAND / ザールランド
  - Saarbrücken / ザールブリュッケン
- BAYERN / バイエルン
- BADEN-WÜRTTEMBERG / バーデン＝ビュルテンベルク
  - Stuttgart / シュトゥットガルト
  - München / ミュンヘン
- FRANCE / フランス
- AUSTRIA / オーストリア
- SWITZERLAND / スイス
- ITALY / イタリア
- SLOVENIA / スロヴェニア

ドイツ ｜ ツム・アインホルン

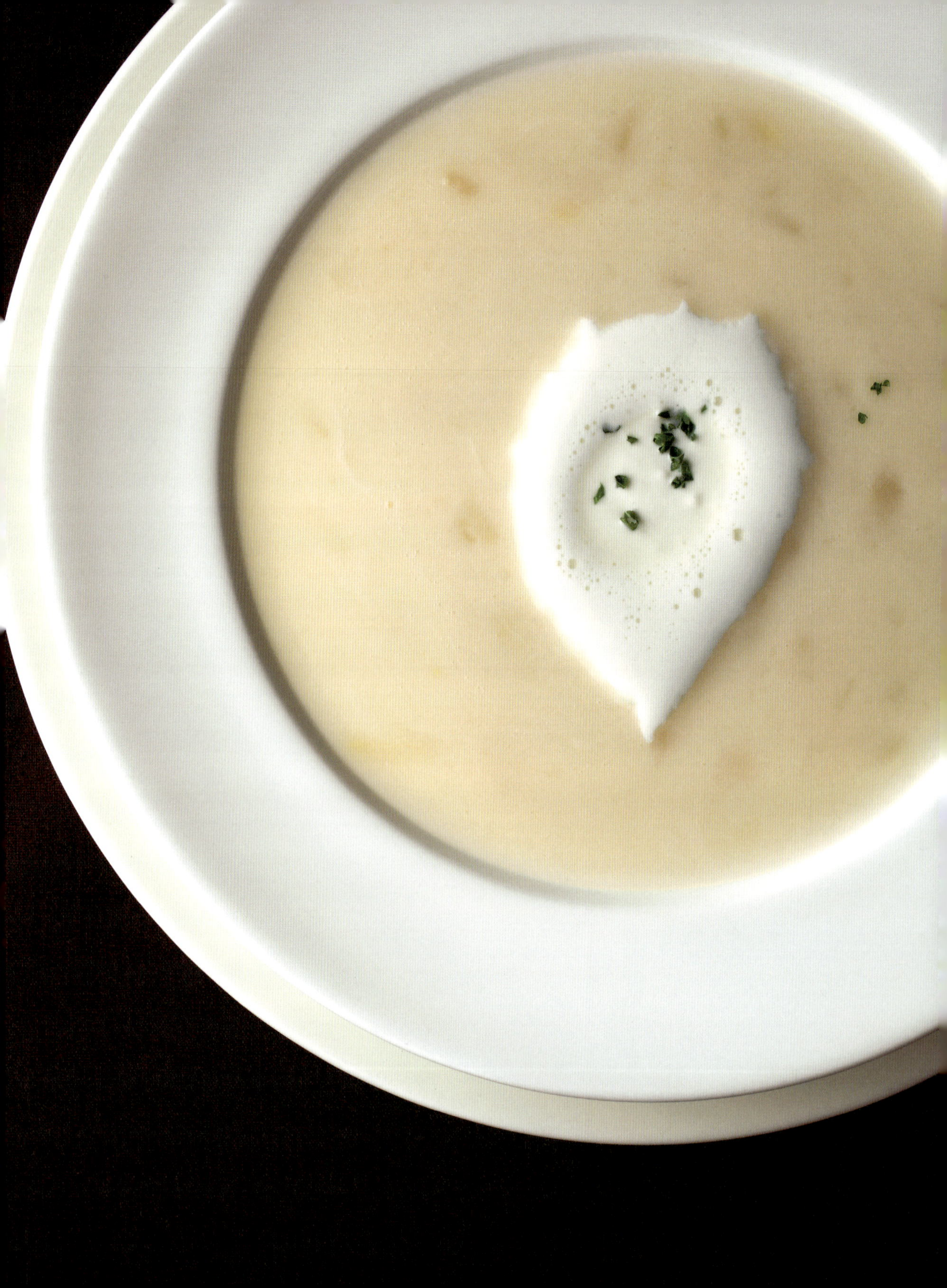

ホワイトアスパラガスのクリームスープ
Weisser Spargelsuppe

春を告げる野菜として、ドイツの人々が
愛してやまないシュパーゲル(ホワイトアスパラガス)。
スープだけでなく、前菜や
メインの肉に添えて山のように食べる。
とろりとした食感、深い甘みが特徴だ。

材料 4人分
- ホワイトアスパラガス … 200g
- 小麦粉 … 30g
- バター … 20g
- 生クリーム … 50ml
- 水 … 1000ml
- アスパラガスの茹で汁 … 600ml
- レモン(スライス) … 数枚
- レモン汁 … 少々
- 塩 … 適量
- パセリ(みじん切り) … 適量

1. ホワイトアスパラガスの穂の下から皮をきれいにむき、茎の下を2cmほど切り除く。

2. 鍋に水と塩1つまみ、レモン(スライス)を入れ、アスパラガスを加える。沸騰したら弱火にして柔らかくなるまで煮る。

3. 2のアスパラガスと茹で汁をミキサーに入れ、アスパラガスが溶けるまで攪拌する。

4. 別の鍋でバターを溶かし、小麦粉を入れて木ベラで色がつかないようによく混ぜ、ルーを作る。まとまったら数分間弱火で炒め、鍋ごと冷やしておく。

5. 冷えたルーに3を一気に加え、泡立て器でよく混ぜ合せる。なべ底の部分を木ベラでよく混ぜてから火にかけ、沸騰するまで手を休めないで混ぜ合わせる。

6. 沸騰したらすぐに弱火にして約5分間煮る。

7. 生クリームを加え、塩とレモン汁で味を調える。器に盛り、軽く泡立てた生クリーム(分量外)をのせる。

北部のニーンブルグが名産地で、旬は4〜6月。直径2cm以上、長さ20cm前後の、希少な特大サイズを使っている。

調理のコツ アスパラガスを一度に多く茹でるほど茹で汁の味がよくなる。
剥いた皮は苦みやアクが強いため茹で汁に加えない。

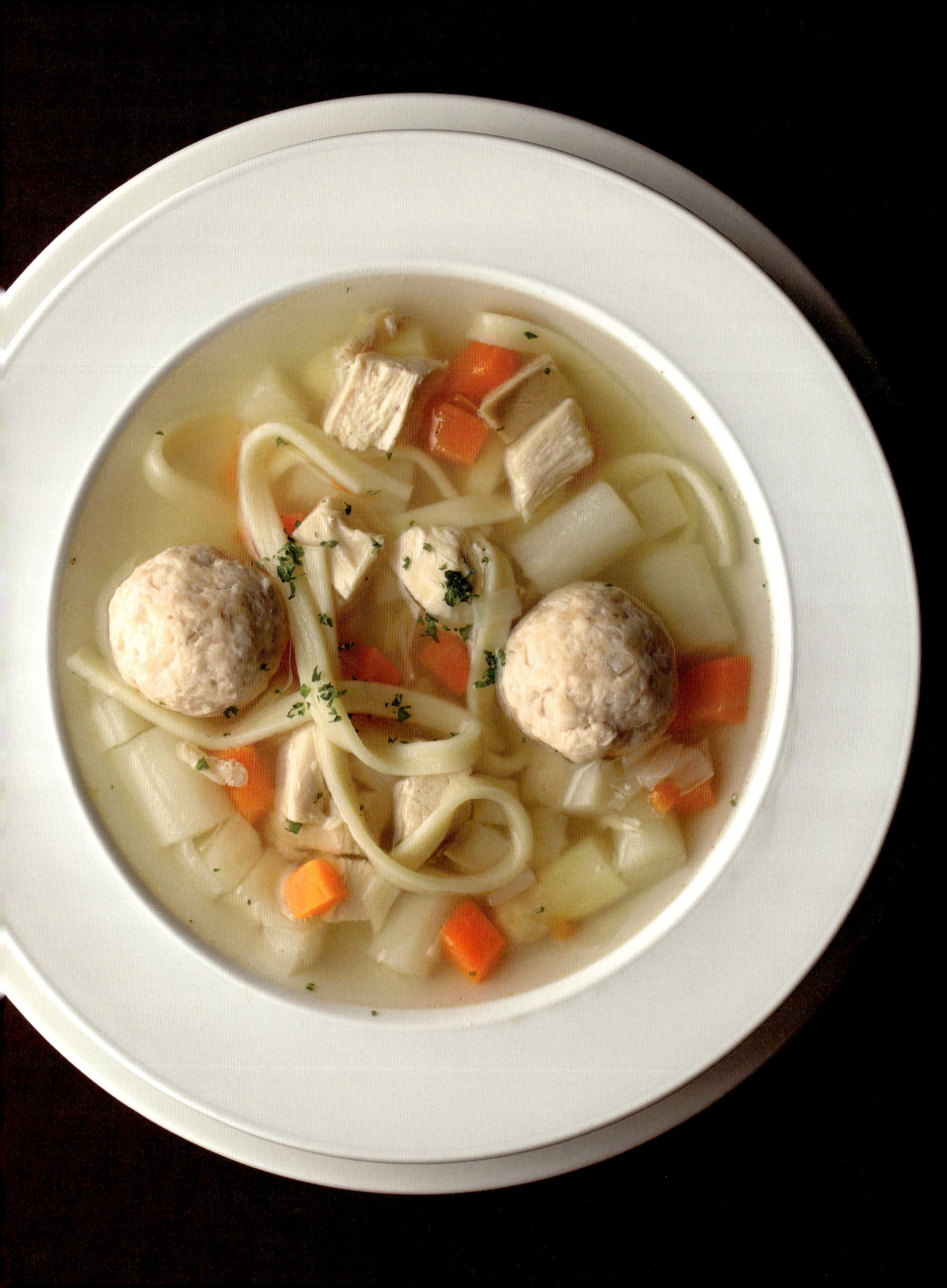

結婚式のためのスープ ブレーメン風

Hochzeitssuppe nach Bremer Art

家庭で結婚式をしていた時代に作られていたスープ。
肉、野菜、ヌードルが入った
一皿でお腹いっぱいになれるもの。
前日までに大鍋いっぱいに作って
参列者にふるまったのだという。
鶏の代わりに、魚や牛肉を使う地方もある。

材料 4人分

鶏 … 1羽(1.5〜1.8kg)
ニンジン … 1本
根セロリ … 50g
長ネギ … 1本
ホワイトアスパラガス … 400g
ヌードル(茹でておく) … 50g
水 … 1500〜2000ml
塩、コショウ … 適量

チキンボール

鶏ひき肉 … 50g
タマネギ … 20g
パン粉 … 適量
小麦粉 … 適量

1 鍋に鶏を入れ、水をたっぷり加え、強火にする。皮を剝いたニンジン、皮をむいて拍子木切りにした根セロリ、長ネギを加え、沸騰したらアクを取り除き、弱火にして鶏肉に火が入るまで1時間30分ほど煮る。

2 ホワイトアスパラガスの皮を取り除き、茎を2センチほど切り取り、別の鍋に湯を沸かし茹でる(1本50gのアスパラガスの場合、約4分間)。茹であがったら2cm角に切る。

3 1の鶏に火が入ったら鍋から取り出し、冷水に入れ皮と骨を取り外す。鶏肉は細かい角切りにする。野菜も取り出し、2cm角に切る。

4 スープに浮いた脂などを取り除き、塩、コショウで味を調える。

5 チキンボールを作る。ボウルに鶏ひき肉、タマネギのみじん切りを入れ、パン粉、小麦粉を加える。塩、コショウで薄い下味をつけ、よく捏ねたら、直径4cm程度のボール状に丸める。

6 4を沸かし、チキンボールを加える。火が通ったら、角切りの鶏肉、野菜、アスパラガス、ヌードルを加え、ひと煮立ちさせる。

コンソメスープ レバー団子入り
Leberknödelsuppe

レバーのスープは、ドイツで人気のある1品
仔牛のレバーが一般的だが
今回使用した鶏レバーのスープは、
モーツァルトが好んだことで知られている。
鮮度の良さが味の決め手だ。

材料 4人分
鶏レバー … 50g
タマネギ … 20g
ドイツパン（ブレッチヘン）… 10g
※パンは室内に数日間置き、乾燥したものがよい
牛乳 … 適量
卵 … 1/2個
パセリ … 適量
レモン汁 … 数滴

鶏コンソメ … 800ml
万能ネギ … 適量

1　タマネギはみじん切りにして炒め、冷ます。牛乳はぬるめに温めドイツパンを浸す。

2　ミンチにした鶏レバーと卵、タマネギをボウルに入れ、パンは牛乳を絞って加え、混ぜる。

3　みじん切りにしたパセリを加え、塩、コショウで下味をつけ、さらに混ぜる。

4　スプーンでボール状に丸め、沸騰した鶏コンソメの中に崩さないようにそっと加え、弱火でゆっくりと煮る。

5　団子に火が通ったら塩とコショウで味を調える。器に盛り、万能ネギのそぎ切りをのせる。

レンズ豆のスープ フランクフルト風
Frankfurter Linsensuppe

ヘッセン州にあるフランクフルトは
古くから香辛料貿易の中継点でもあった。
レンズ豆はその交易からドイツに入り
地元名産のソーセージと合わせた
スープ料理へと使われるようになった。

材料 4人分

レンズ豆(乾燥) … 60g
フランクフルターソーセージ … 2本
ベーコン … 40g
タマネギ … 50g
ニンジン … 40g
長ネギ … 1/4本
根セロリ … 40g
鶏ブイヨン(P.214) … 600ml
ラード … 適量
塩、コショウ … 適量
ワインビネガー … 数滴

1. レンズ豆を1時間水につけ、その後水切りしておく。
2. 鍋にラードを入れ火にかけ、ベーコンとタマネギをみじん切りにして加え軽く炒める。
3. 鶏ブイヨン、レンズ豆を加える。ニンジン、長ネギ、根セロリをみじん切りにして加え、30分間煮る。
4. ソーセージを筒切りにして加えたら、塩、コショウ、ワインビネガーで味を調える。

調理のコツ ヘッセン州は古くはローマ人が支配し、もっとも古い料理の歴史がある地。ラードを使うのは古くからの名残だ。

黒ビールのスープ ケストリッツ村風
Köstritzer Biersuppe

ザクセン州の都市ライプツィヒから南東へ50km行くと、ケストリッツ村がある。この村で醸造する黒ビールはスープの材料としても使われている。スープはスパイシーでほの甘く、ホットワインのような味わいだ。

1. 牛乳、シナモンスティック、塩、パウダーシュガーを鍋に入れ、弱火にかけ、沸騰させないように約10分間煮る。
2. グラニュー糖と卵黄をボウルに入れ、泡立て器で卵黄が白っぽくなるまでよく混ぜたら、1を加えて手早く混ぜ合わせる。
3. 2を鍋に戻し、再度弱火にかける。沸騰させないようにしながら、木ベラで底から混ぜる。
4. 黒ビールを加え、再度温まったら火を止める。

材料 4人分
黒ビール … 330ml（小瓶1本）
牛乳 … 400ml
シナモンスティック … 1本
塩 … 1つまみ
パウダーシュガー … 30g
グラニュー糖 … 50g
卵黄 … 1個

ケストリッツァー社の黒ビール。文豪ゲーテが唯一好み、飲んでいたといわれる。

ポテトのクリームスープ
ファルツ地方風
Pfalzer Kartoffelsuppe

ファルツは、ライン河とモーゼル河が流れる気候のよい地方。
ワイン産地としても有名だ。
この地方のポテトスープはピュレ状で
ニンジンの甘みがアクセントだ。

材料 4人分

ジャガイモ（男爵）… 400g
タマネギ … 40g
ニンジン … 40g
根セロリ … 40g
バター … 適量
鶏ブイヨン … 600ml
生クリーム … 40cc
塩、コショウ … 適量
マジョラム … 適量

1. 野菜は皮をむき、適当な大きさにぶつ切りにする。

2. 鍋にバターを加え火にかけ、ジャガイモ以外の野菜を加え中火で炒めたら、鶏ブイヨンを加え、ジャガイモも加えて野菜が柔らかくなるまで煮る。

3. 野菜が柔らかくなったらミキサーにかけ攪拌して、クリーミーなスープに仕上げる。

4. 再び鍋に移し、生クリーム、塩、コショウで味を調える。器に注ぎ、マジョラムを飾る。

グラッシュスープ
Gulaschsuppe

ハンガリーの「グヤーシュ」が原型で
ドイツ、オーストリアでは「グラッシュ」と発音する。
このレシピはとろみのあるスープだが
ドイツ国内にはさらりとしたグラッシュもある。

材料 4人分
牛肉(ランプ) … 100g　タマネギ … 100g
ジャガイモ … 100g　ニンニク … 1かけ
パプリカパウダー … 20g　小麦粉 … 20g
トマトペースト … 10g　赤ワイン … 50cc
牛ブイヨン … 800ml

A (布に包む)
　ローリエ … 1枚　マジョラム … 1つまみ
　クミンシード … 1つまみ

カイエンヌペッパー … 適量
サラダ油 … 適量　塩、コショウ … 適量

1　牛肉は2cm角に切り、塩、コショウ、パプリカパウダー（分量外）、小麦粉（分量外）をまぶす。

2　鍋にサラダ油をひき、強火で1を焼いて、焼き色がついたら鍋から取り出す。同じ鍋に、みじん切りにしたタマネギとニンニクを入れ、弱火で炒める。

3　パプリカパウダーと小麦粉を加え、焦げないように炒めたら、トマトペーストと赤ワインを足し、混ぜ合わせる。

4　牛ブイヨンを加え、やや強火にして沸騰したらAと2の牛肉を加えて30分間煮込む。

5　1cm角に切ったジャガイモを加え、火が通ったら、塩、コショウ、カイエンヌペッパーで味を調える。

チキンスープ シュワーベン風
Schwäbische Riebelsuppe

シュワーベンの人々が最も愛するスープで「1日数回は飲まないと気がすまない」という人も多い。シュワーベンのあるバーデン地方はドイツには珍しくパスタ料理があるのも特徴だ。

材料 4人分
鶏ブイヨン … 800ml
塩、コショウ … 適量

生地(2～3回分の量)
小麦粉 … 125g
全卵 … 1個
卵黄 … 1/2個

調理のコツ
パスタ生地を多く入れるほど、とろみが増して重いスープとなり、減らせば軽いスープになる。残った生地はラップに包み冷蔵庫で1週間ほど保存できる。

1 パスタ生地を作る。ボウルにふるった小麦粉、全卵、卵黄を入れ、手でよく練り合わせる。硬い生地に仕上がったらラップで包み、1時間冷蔵庫で寝かせる。

2 鍋に鶏ブイヨンを入れ火にかける。

3 ブイヨンが沸騰するまでに、1をおろし金ですりおろす。

4 沸騰したブイヨンに3を入れ、生地がくっつかないように木ベラで混ぜながら、10分間弱火で煮る。

5 塩とコショウで味を調える。

パスタ生地はチーズおろしを使うときれいにおろせる。生地の硬さはセミハードチーズと同じくらいだ。

キノコのスープ
ザクセン地方風
Sächsische Pilzsuppe

ザクセン州は、
ポーランドとチェコに国境を接し
ドレスデン、マイセン、ライプチッヒなど
中世に栄華を極めた町を擁する。
これは山で捕れたキノコを使った
庶民の素朴なスープだ。

材料 4人分
- キノコ（シイタケ、シメジ、マッシュルームなど）… 100g
- ベーコン … 20g
- タマネギ … 20g
- ジャガイモ … 50g
- 小麦粉 … 10g
- 鶏ブイヨン … 600ml
- 生クリーム … 50ml
- サラダ油 … 小さじ1
- 塩、コショウ … 適量

1 キノコは1cm角に切り、ベーコンは角切り、タマネギはみじん切りにする。

2 鍋にサラダ油を入れ、1を弱火で炒める。

3 小麦粉を加えて色が付かないように炒めたら、冷たいままの鶏ブイヨンを加えてよく混ぜ、沸騰したら弱火にする。

4 ジャガイモは皮をむき、1cm角に切り、鍋に加えて10分間煮る。

5 ジャガイモが柔らかくなったら生クリームを加え、塩とコショウで味を調える。

キノコの種類は、多いほうが複雑な味になる。

冷たいカボチャのクリームスープ
Kaltes Kürbisrahmsuppe

16世紀、東方から
ヨーロッパに運ばれた香辛料は
ヴェニスの商人によってドイツに持ちこまれた。
ドイツでの香辛料使いは多彩で
カイエンヌの他、クミンなどもスープに使う。

材料 4人分
カボチャ … 300g
タマネギ … 50g
バター … 適量
鶏ブイヨン … 400ml
タイム … 2本
ローズマリー … 1/2本
ローリエ … 1枚
牛乳 … 50ml
生クリーム … 適量
塩 … 適量
カイエンヌペッパー … 少々
茹でたカボチャ（トッピング用）… 少々

1. カボチャは皮を剝き、ぶつ切りにする。タマネギは皮をむき、薄くスライスする。

2. 鍋にバターを入れ、弱火でタマネギを炒める。透き通ってきたらカボチャを加えさらに炒め、鶏ブイヨンを加え強火で沸騰させる。

3. 沸騰したら弱火にし、布で包んだタイム、ローズマリー、ローリエを加え、カボチャが崩れるくらいまで煮る。

4. 香草を取り除き、全てをミキサーにかけて、よく冷やす。

5. 4に牛乳を加えてよく混ぜ合わせ、塩とカイエンヌペッパーで味を調える。器に盛り付けたら、5分立てにした生クリームと、茹でたカボチャの角切りをのせる。

アイルランド

Ireland

アイルランド島は、イギリス統治下の北アイルランドと、
アイルランド共和国に分かれている。
ギネス世界記録を生み出したビールのギネス社、
編み物で有名なアラン諸島など、
豊かなアイルランド文化（ケルト文化ともいう）は
世界の知るところだ。
「パブ」と呼ばれる店も多く、
そこでは郷土的なスープ料理が食べられる。

シェイマス・オハラ
p.124 – 133

SCOTLAND
スコットランド

NORTHERN IRELAND
北アイルランド

Dublin
ダブリン

Liverpool
リヴァプール

IRELAND
アイルランド

ENGLAND
イギリス

WALES
ウェールズ

London
ロンドン

FRANCE
フランス

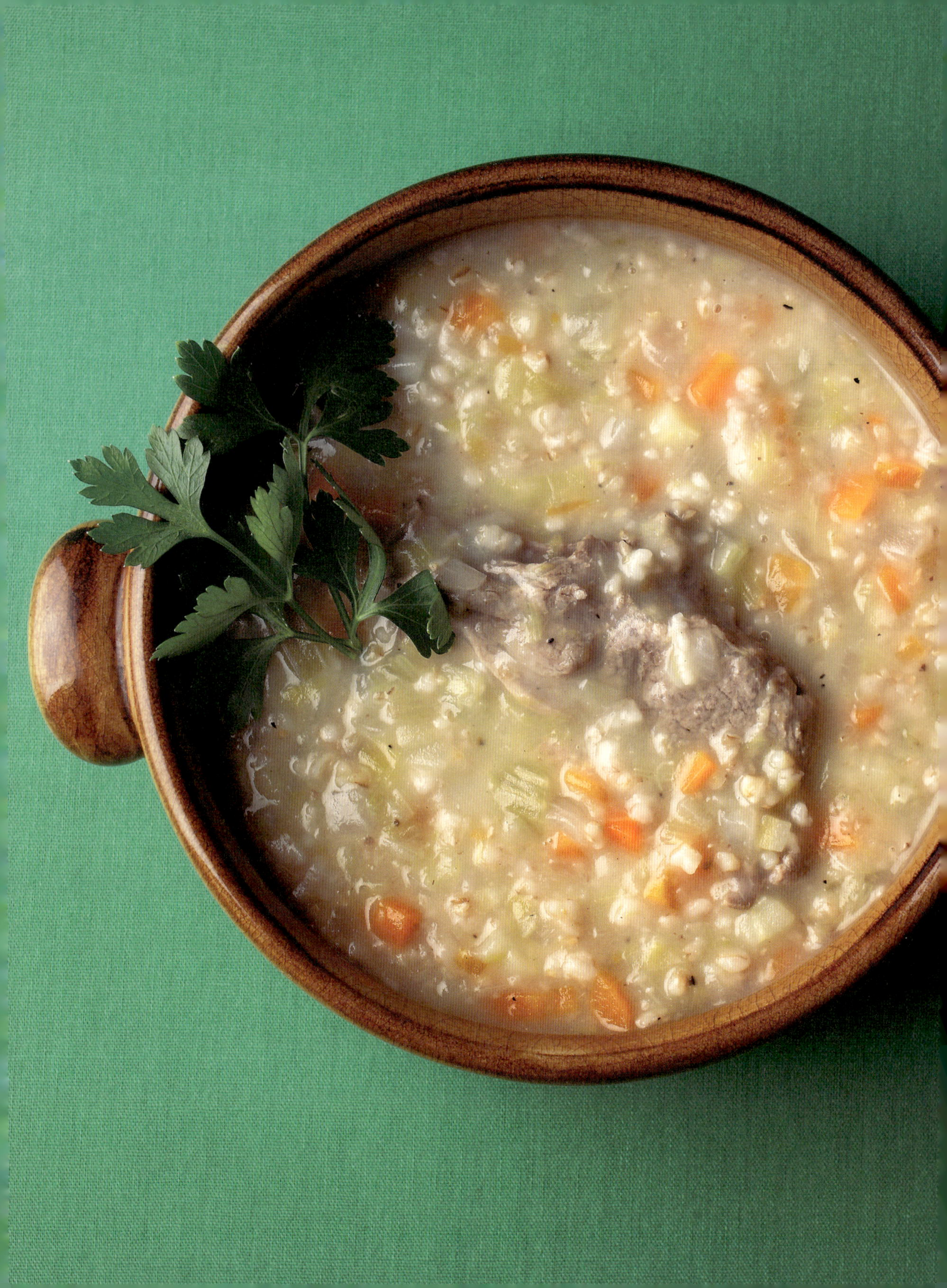

アイリッシュブロス
Irish Broth

伝統的なアイルライド料理。羊肉と丸麦が入った濃厚なスープで、生クリームを入れるレシピもある。「パースニップ」という、ニンジンに似たセリ科の根菜を入れるのも特徴だ。

材料 4人分
- 骨付き羊肉(頸など) … 400g
- 丸麦 … 45g
- タマネギ … 1個
- パースニップ … 小1本
- リーク … 1/2本
- ニンジン … 1/2本
- カブ … 1個
- セロリ … 1本
- 水 … 適量
- 塩、コショウ … 適量
- イタリアンパセリ … 少々

1. タマネギとパースニップはみじん切りに、リーク、ニンジン、カブ、セロリは角切りにする。
2. 鍋に骨付き羊肉を入れ、水をひたひたに注ぐ。中火で沸騰させ、アクをとる。
3. 1を鍋に加えて、1時間ほど弱火で煮る。
4. 丸麦を加えたら、塩、コショウで味を調え、さらに30分ほどアクと脂を取りながら煮込む。
5. 羊肉を取り出し、骨と脂を取り除き、鍋に戻して少し温める。
6. 器に盛り、イタリアンパセリをのせる。

アイルランド | シェイマス・オハラ

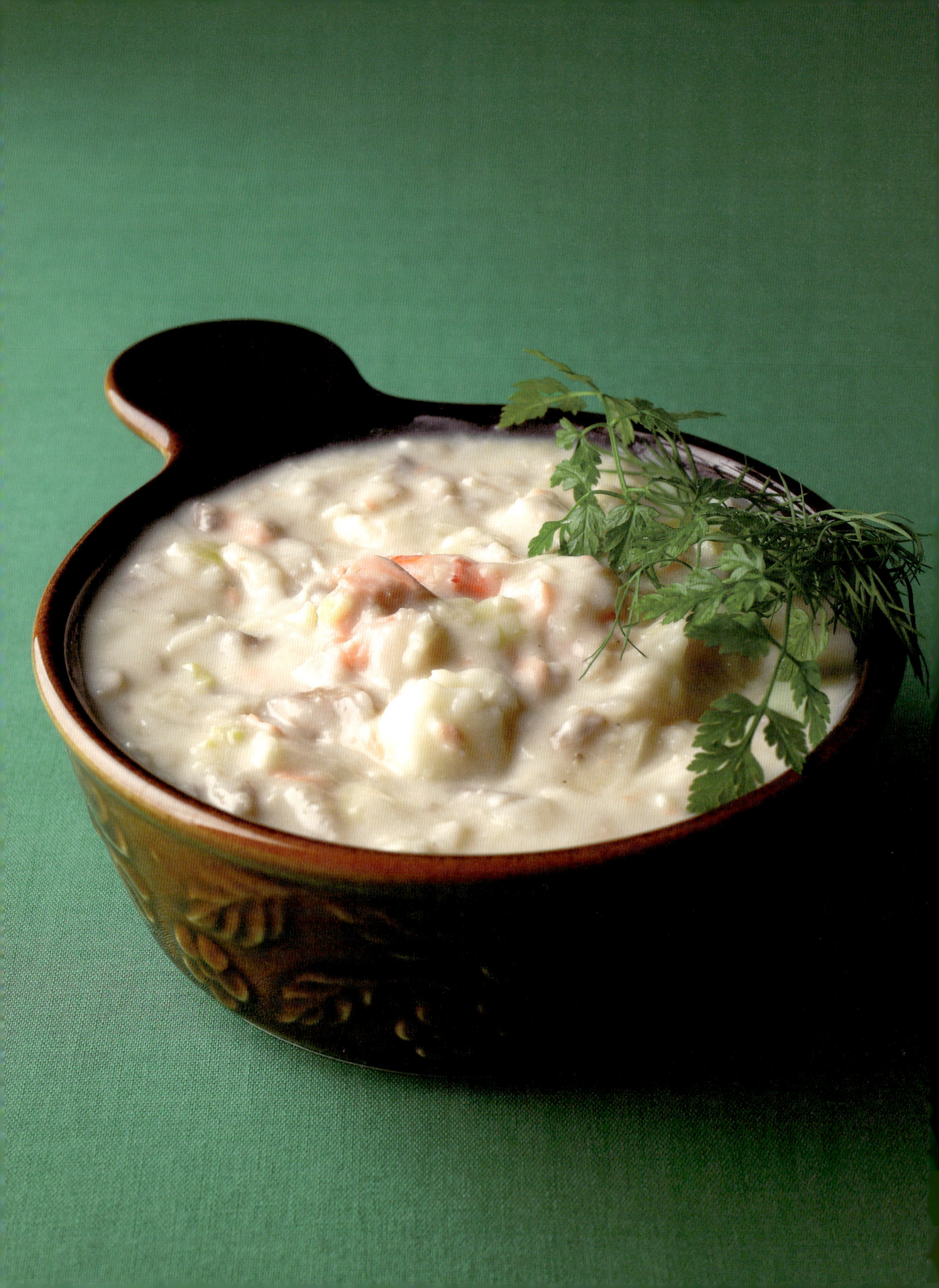

シーフード チャウダー
Seafood Chowder

魚介類をふんだんに使ったこのスープは家庭ではもちろん、パブでもよく見かける。ブラウンブレッド(ソーダブレッド)を添えて食べる。シーフード チャウダーにマッシュポテトをのせて焼くと「フィッシュパイ」という料理になる。

材料 4人分
- アサリ … 250g
- サケ、タラ、エビなど … 250g
- タマネギ … 2個
- リーク(白い部分のみ) … 1本
- ニンニク … 1かけ
- バター … 大さじ2
- 白ワイン … 150ml
- 魚のブイヨン … 400ml
- 塩、コショウ … 適量
- ディル … 適量
- チャービル … 適量
- チャイブ … 適量

ミルクソース(ベシャメルソース)
- バター … 100g
- 中力粉または薄力粉 … 100g
- 牛乳 … 800ml

1. ミルクソースを作る。鍋にバターを入れて中火にかけ、中力粉を入れてバターとなじませる。加熱しながら牛乳をゆっくりと注ぎ入れ、なめらかになるまで混ぜる。

2. アサリは白ワイン(分量外)と水で蒸し、殻から身を外しておく。蒸し汁は漉しておく。

3. 別の鍋を中火にかけ、バターを溶かし、みじん切りにしたタマネギとニンニク、角切りにしたリークを入れて、焦がさないように炒める。

4. 魚のブイヨンと白ワイン、2の蒸し汁を加え、水分を飛ばしながら煮る。

5. エビは殻を外して一口大に切り、サケ、タラも一口大に切り、鍋に加える。水分が半分程度になるまで煮込む。

6. 弱火に落とし、ミルクソースを加えなじませたら、塩とコショウで味を調える。器に盛りつけ、ハーブを散らす。

コルキャノン
Colcannon

マッシュポテトをアレンジした
アイルランド料理のひとつで、
水分のほとんどないシチュー。
ベーコンが入るレシピもある。
キャベツは外側の濃い緑色をした葉を使うと
アイルランド産キャベツの味に近づく。

材料 4人分
茹でたキャベツ … 225g
タマネギまたはリーク … 120g
冷たいマッシュポテト … 460g
（または茹でたジャガイモ … 5〜6個）
バター … 60g
牛乳 … 60〜200ml
塩、コショウ … 適量

1. フライパンにバターを溶かし、みじん切りにしたタマネギを入れて、透き通って柔らかくなるまでゆっくり炒める。

2. 冷たいマッシュポテトと牛乳を加え、塩とコショウで味を調節し、中火で温めながらよく混ぜる。茹でたジャガイモを使う場合、皮をむいてフライパンに入れ、牛乳で硬さを調節し、潰しながら混ぜる。

3. 茹でキャベツは粗い千切りにして 2 に加える。温まったら火を止め、キャベツの緑色がジャガイモに移るくらいまで、潰すように混ぜる。塩とコショウで味を調える。

4. 食べる直前に温め、器に盛り付ける。

牛肉のギネスビール煮
Beef Braised in Guinness

18世紀にアイルランドのダブリンで醸造を始めたギネスビール。
黒スタウトビールで牛肉を柔らかくした煮込みで、アイルランドのパブ・フードとして人気がある。

材料 4人分

牛肉(赤身) … 500g　タマネギ … 大1個
ニンジン … 1/2本　セロリ … 1本
バター … 20g
ギネス　ドラフトの場合 … 約570ml(1パイント)
　　　　瓶の場合 … 330ml(1本)
スープストック … 適量　デミグラスソース … 330g
ニンニク … 1～2かけ　オリーブ油 … 適量
リーペリンソース(ウスターソース) … 少々
パプリカパウダー、ナツメグ(パウダー) … 1つまみ
ブーケガルニ … 1束　塩、コショウ … 適量

調理のコツ
苦みを強めたいときはフォーリンスタウト(高アルコールのスタウト)を使用する。

1　牛肉は大きく角切りにし、潰したニンニク、オリーブ油、リーペリンソース、パプリカパウダー、ナツメグ、ブーケガルニ、塩、コショウで1晩マリネする。

2　フライパンにバターとオリーブ油を入れて熱し、強火で1に焼き目をつける。

3　タマネギ、ニンジン、セロリを乱切りにして2に加え、油がなじんだら塩、コショウで下味をつけ、ギネスを加える。

4　中火にしてアクを取り、スープストックをひたひたに注ぎ、デミグラスソースを加えて煮込む。野菜が柔らかくなったら耐熱器に移し、160～170℃のオーブンに入れてさらに1時間ほど煮込む。

ギネス社はダブリンで1756年に創業。黒スタウトは香ばしさと滑らかな泡が特徴だ。

アイルランド｜シェイマス・オハラ

豚肉のサイダー煮
Pork Simmed with Cider

「サイダー」とはリンゴの発泡酒のことでフランスのシードルと似たものだ。
酸味の強いリンゴと豚肉を煮込んだ際に飲み残しのサイダーを加えるというイメージの料理だという。

材料 4人分
豚肉 … 500g
ベーコン … 30g
タマネギ … 1個
マッシュルーム … 4個
リンゴ … 1個
ニンニク … 2かけ
オリーブ油 … 大さじ1
サイダー … 330ml (1本)
イチジク (乾燥) … 1〜2個
塩、コショウ … 適量

1 豚肉は一口大に切り、潰したニンニク、塩、コショウをなじませておく。

2 鍋にオリーブ油をひき、一口大に切ったベーコンとマッシュルーム、豚肉を入れて焼く。

3 みじん切りにしたタマネギ、皮ごとスライスしたリンゴを加えてさらに炒める。

4 鍋の具材がしんなりしてきたらサイダーを加える。みじん切りにしたイチジクも加え、アクを取りながら豚肉が柔らかくなるまで煮込む。最後に塩、コショウで味を調える。

アイルランド産のサイダー「MAGNERS」。調理用のリンゴは欧州の調理用品種や日本の紅玉など、酸味がしっかりしているものを使う。

アイリッシュ シチュー
Irish Stew

アイルランドの家庭料理の定番
「ラムとジャガイモの煮物」。
パセリやキャベツ、タイムの風味がきいて
羊肉のくさみを感じさせない。

材料 4人分
羊モモ肉 … 500g (骨付き肉なら800g〜1kg)
ジャガイモ (メークイン) … 5〜6個
タマネギ … 1個　ニンジン … 1/2本
セロリ … 1本　キャベツ … 1/4個
ニンニク … 3〜4かけ　パセリ … 適量
リーペリンソース (ウスターソース) … 大さじ1
ハーブ (タイム、ローズマリー、オレガノ、ベイリーフ、バジル)
… 適量
ブーケガルニ … 1束
スープストック … 50〜100ml
水 … 適量　白ワイン … 大さじ1
塩、コショウ … 適量

1. 羊肉は赤身の部分を選び、脂をそぎ取り、一口大に切る。潰したニンニク、塩、コショウ、リーペリンソース、ハーブ、スープストック、白ワイン、セロリの葉でマリネし、1晩置く。

2. 深鍋に **1** を入れ、しっかりひたるまで水を加え、強火にかける。沸騰したらアクを取り、輪切りにしたタマネギ、ニンジン、セロリを加えて、アクを取りながらさらに30〜40分ほど煮る。

3. 耐熱器 (鍋) にザク切りにしたキャベツをしき、**2** をのせ、皮をむいて輪切りにしたジャガイモを重ねる。ブーケガルニ、刻んだパセリをたっぷりのせ、ひたひたまで水を注いで蓋をする。

4. 170〜180℃のオーブンで2時間、途中で様子を見ながら蒸し焼きにする。

5. 羊肉が柔らかくなったらオーブンから取り出し器に盛り、パセリをたっぷり盛る。

リークとポテトのスープ
Leek and Potato Soup

アイルランドではリークを良く使う。
リークとポテトのスープは
各家庭でレシピが違う、母の味。
ぽってりとしたピュレ状の
優しい味のスープだ。

1. リークは輪切り、ジャガイモ、タマネギは1cm角に切る。
2. 鍋を温め、バターとオリーブ油を入れ、タマネギとジャガイモを加えてよく炒める。
3. リークを加え、塩、コショウとハーブを加えてさらに炒める。
4. 白ワインを回しかけて全体がしんなりしたら、スープストックを加えて煮立たせ、アクを取りながら弱火で30分ほど煮る。
5. ジャガイモが柔らかくなったらミキサーにかけ、再び鍋に戻して弱火で温める。

材料 4人分
リーク … 1本
ジャガイモ(メークイン) … 3～4個
タマネギ … 1個
スープストック … 800～1000ml
バター … 20g
オリーブ油 … 大さじ1
白ワイン … 少々
ハーブ(オレガノ、バジル、タイル、ローズマリー) … 各少々
塩、コショウ … 適量

アイルランド料理に欠かせないジャガイモとリーク。

ダブリン・コドル
Dublin Coddle

ソーセージとベーコン、
ジャガイモを使ったスープで
「コドル」とのみ言われることもある。
カトリック教徒が
金曜日に肉食を禁じられていた時代は
前日の木曜の夜によく食べられていた。

材料 4人分
- ソーセージ … 360g（大4本）
- ベーコン … 240g
- ジャガイモ（メークイン）… 4個
- タマネギ … 2個
- スープストックまたは水 … 適量
- パセリ … 適量
- タイム … 適量
- 塩、コショウ … 適量

1. ベーコンは1cm角に切り、ジャガイモは皮をむいて厚めの輪切りに、タマネギは輪切りにする。アイリッシュベーコンを使う際は、塩分が強いので下茹でする。

2. 鍋を温め、ベーコンを弱火でじっくり炒める。脂がしみ出てきたらタマネギを加え、しんなりしたらジャガイモを加えて塩、コショウを振る。

3. ジャガイモに脂がなじんだらスープストックをひたひたに入れ、煮立たせる。

4. ソーセージはフライパンで焼き目をつけ、パセリ、タイムとともに鍋に加えて、軽く煮る。器に盛り付け、タイムを飾る。

アイルランド ｜ シェイマス・オハラ

オーストリア

Austria

中世から20世紀初頭にかけてのオーストリアは、
中央ヨーロッパを覇権していた
ハプスブルク家が所有する広大な領地の中心地だった。
料理は隣国ドイツやハンガリーの影響が濃く見られる。
一方でハプスブルク家の栄華が生んだ、
贅沢な調理法をほどこした独自のスープ料理も残っている。

銀座ハプスブルク・ファイルヒェン
p.136 – p.147

―

オーストリアのフォン
p.215

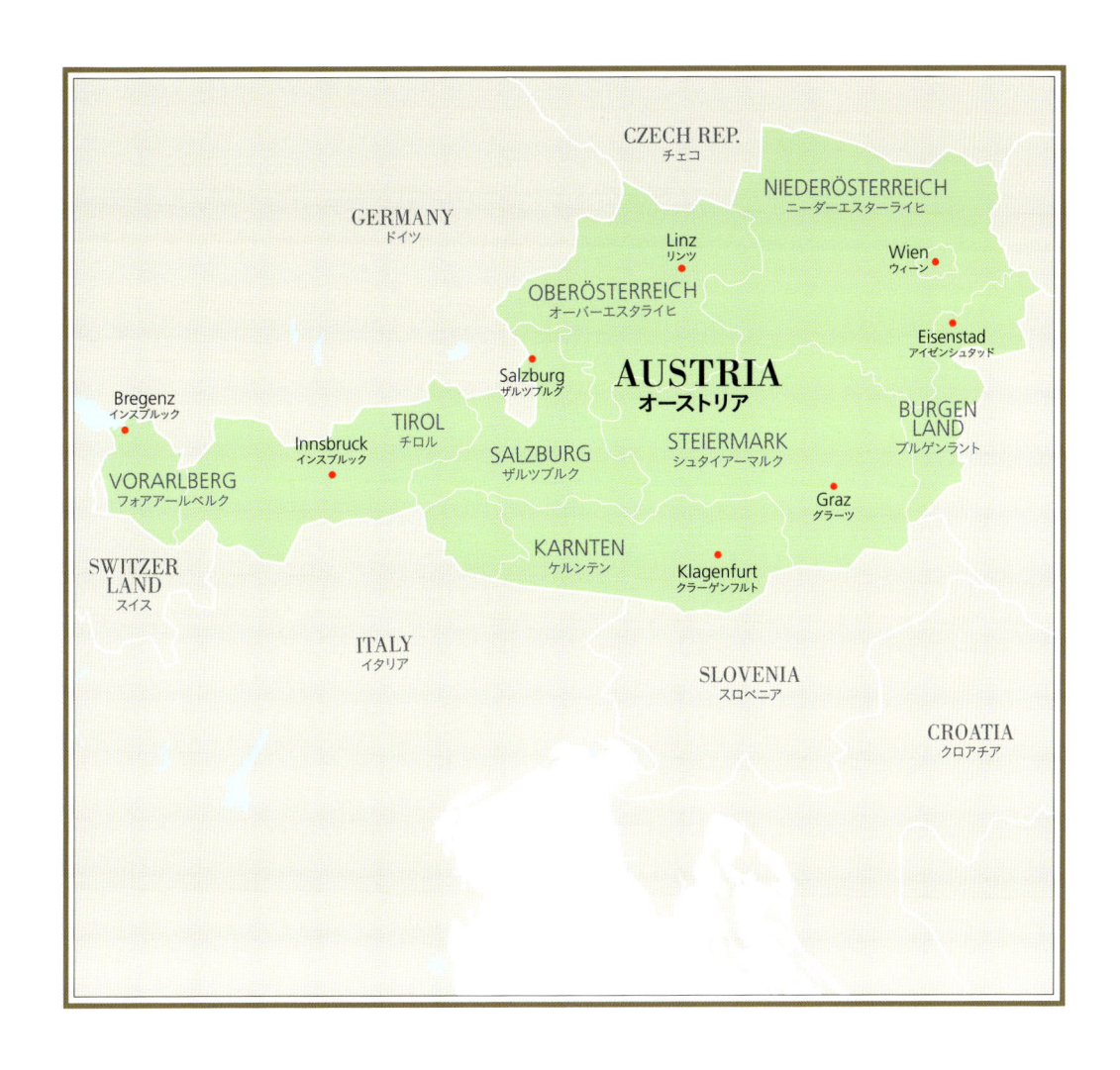

AUSTRIA
オーストリア

- CZECH REP. チェコ
- GERMANY ドイツ
- NIEDERÖSTERREICH ニーダーエスターライヒ
  - Wien ウィーン
- OBERÖSTERREICH オーバーエスタライヒ
  - Linz リンツ
- Eisenstad アイゼンシュタッド
- BURGENLAND ブルゲンラント
- VORARLBERG フォアアールベルク
  - Bregenz インスブルック
- TIROL チロル
  - Innsbruck インスブルック
- SALZBURG ザルツブルク
  - Salzburg ザルツブルグ
- STEIERMARK シュタイアーマルク
  - Graz グラーツ
- KARNTEN ケルンテン
  - Klagenfurt クラーゲンフルト
- SWITZERLAND スイス
- ITALY イタリア
- SLOVENIA スロベニア
- CROATIA クロアチア

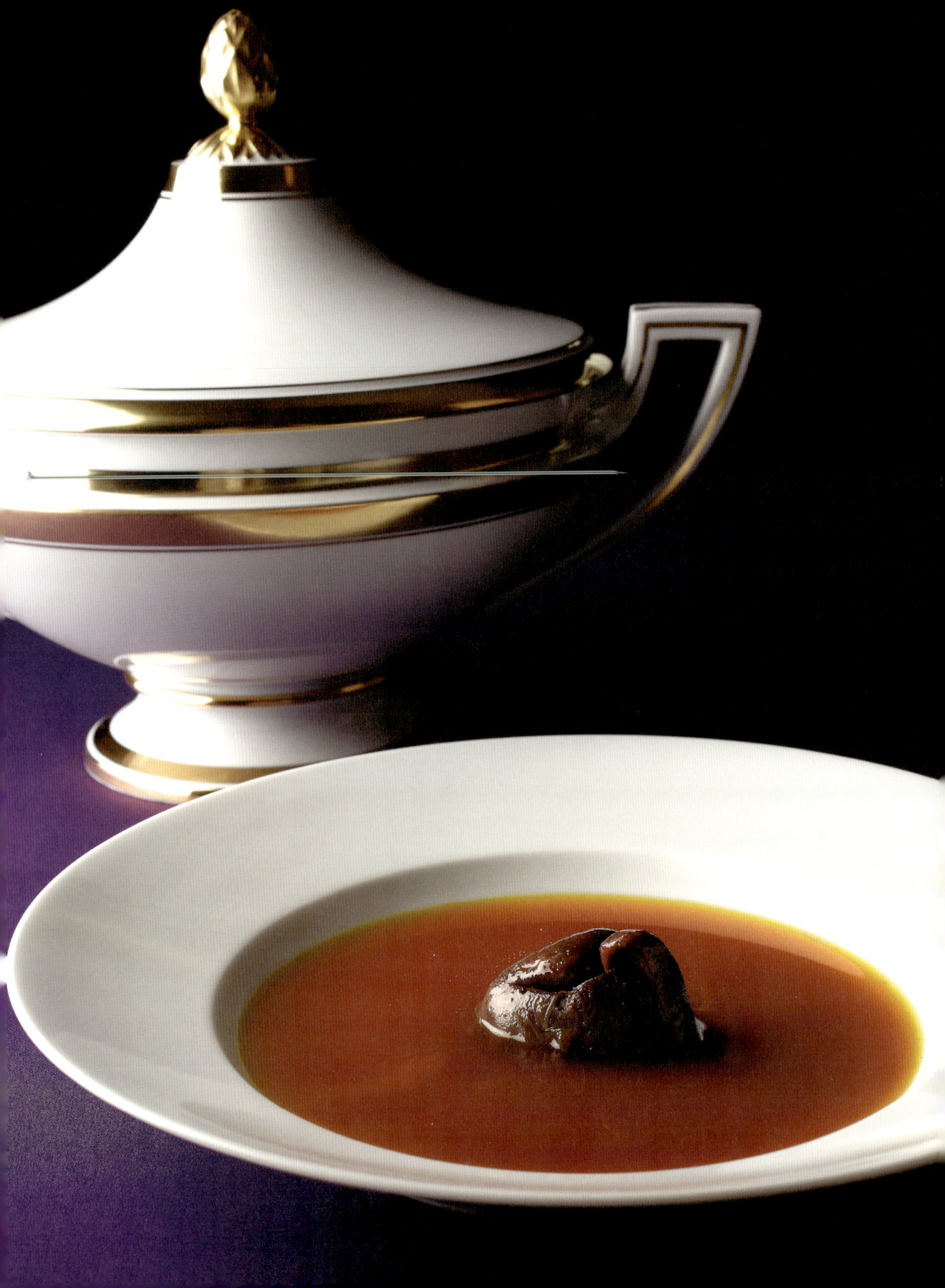

鶏のスープ サフラン風味 鶏のレバーを添えて
Hühnersuppe mit Hühnerleber

美貌で知られるエリザベート皇妃が愛したスープ。
鶏のもつうまみ、滋味を
残らず溶かし出したスープに
甘辛くソテーした鶏レバーを添えた。
奥の磁器は、
皇妃も愛したアウガルテン工房のものだ。

材料 4人分
- 地鶏 … 2羽
- タマネギ … 4個
- ニンジン … 2本
- セロリ … 2本
- ローリエ … 4枚
- ジェニパーベリー（ネズの実）… 15粒
- 白ワイン … 200ml
- サフラン … 少々
- 黒コショウ … 10粒
- サラダ油 … 30ml
- 水 … 適量
- 塩 … 適量

- 鶏レバー（ハツを取り除き、脂を掃除する）… 4個

- 貴腐ワインビネガー … 20ml
- ハチミツ … 大さじ2
- バター … 10g
- 塩、コショウ … 少々

1 鶏は半割りにして表面を掃除し、内臓と足を取り除く。野菜は皮をむいて2cm角に切る。

2 鍋にサラダ油を熱し、タマネギ、ニンジン、セロリを薄く色づくまで炒める。

3 白ワインを一気に入れアルコール分を飛ばしたら、鶏を加え、水をひたひたまで注ぎ、ローリエ、ジェニパーベリー、黒コショウを加える。

4 常にアクを取り、スープが澄んで軽く沸いている状態を保ちながら5時間半ほど煮込んだら、サフランを加える。火を強めにして、出来上がり量500mlほどまで煮詰める。

5 塩で味を調え、布漉しする。

6 スープの具の、レバーのソテーを作る。小鍋にハチミツを入れ火にかけ、キャラメリゼしたら貴腐ワインビネガーを溶かす。

7 フライパンにバターを溶かし、鶏レバーをソテーする。ミディアムに焼いたら塩、コショウで味を調え、脂をきってから6に入れ、ソースをからめる。

8 器に7をのせ、鶏のスープを注ぐ。

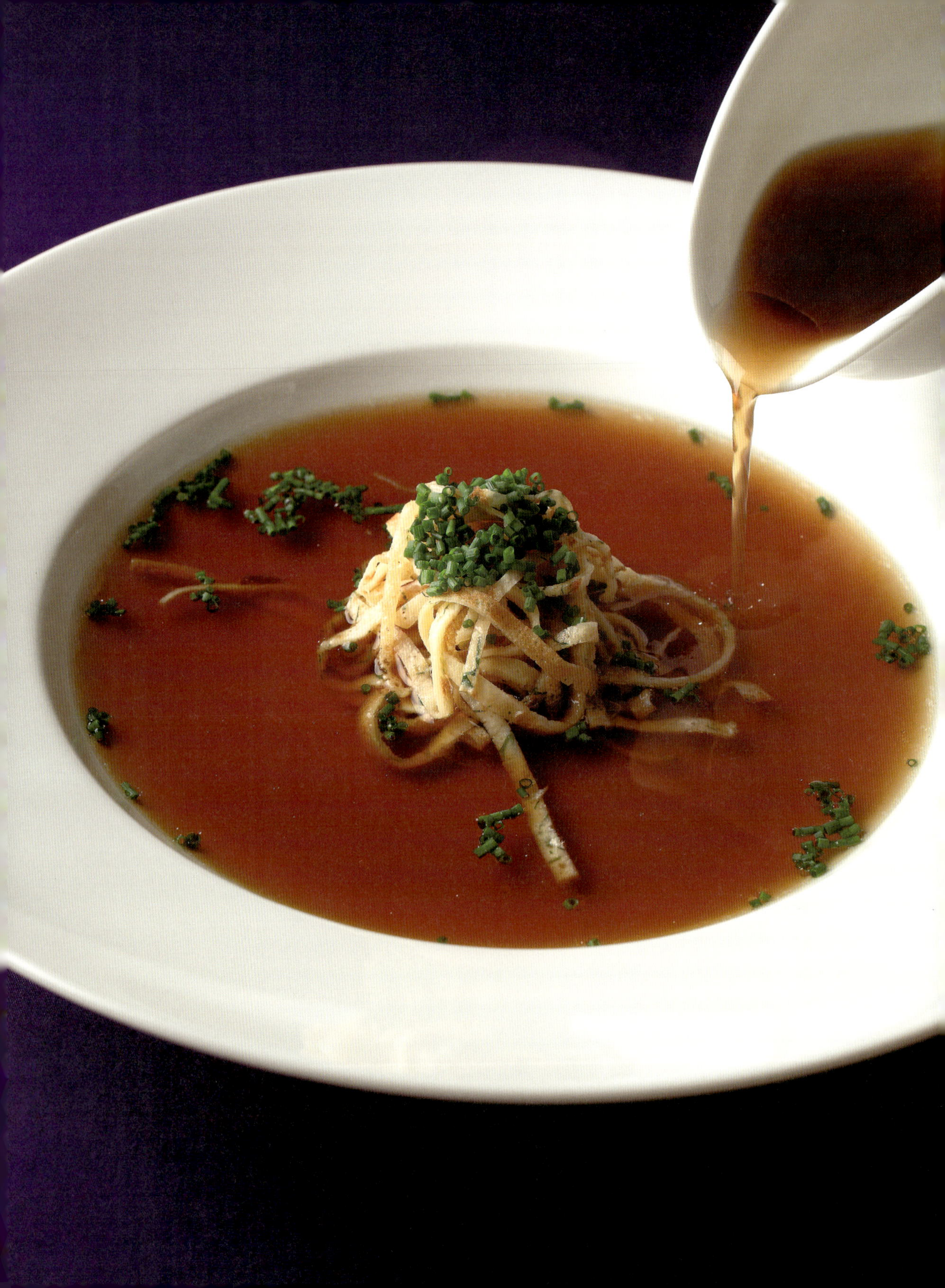

ウィーンのコンソメスープ
フリタッテン・ハーブ風味
Wiener Rindsuppe mit kräuterfrittaten

コンソメスープ「リンドズッペ」は
オーストリアを代表するスープ。
フランツ・ヨーゼフ大帝も好んだ味だという。
フリタッテンはクレープ状の生地の細切り。
生地にスープがしみこむことで
リンドズッペの豊かな味わいが一層深まる。

材料 出来上がり 30ℓ

リンドズッペ
- 牛骨（牛スネ部分）… 4kg
- 牛スネ肉（粗びき）… 2本分
- 牛スジ肉（塊）… 1kg
- タマネギ … 12個
- ニンジン … 7本
- セロリ … 5本
- 卵白 … 7個分
- ジェニパーベリー … 20粒
- ローリエ … 8枚
- サラダ油 … 適量

フリタッテン
- 強力粉 … 60〜70g
- 全卵 … 1個
- 牛乳 … 300〜400ml
- イタリアンパセリ … 大さじ1
- セルフィーユ … 小さじ2
- ディル … 小さじ2

シブレット … 適量

1 リンドズッペを作る。牛骨は4cmに切り、水洗いして細かい骨を除く。牛スネ肉は卵白と合わせる。野菜は皮つきで、タマネギは1/8等分、ニンジン、セロリは2cm角に切る。

2 鍋にサラダ油を熱し、タマネギ、ニンジン、セロリをこげ茶色になるまで炒める。

3 大鍋に水を沸かして、70℃になったら野菜を入れる。沸騰する直前に牛骨を加え、牛スネと卵白を直径4cmのボール状にして加える。ジェニパーベリー、ローリエも加え、軽く沸いている状態を保ちながら9〜10時間煮る。その間、アクと脂はこまめにすくう。

4 3を布漉しする。このうち800mlを小鍋に移し、塩で味を調える。

5 フリタッテンを作る。全卵と牛乳を合わせて、強力粉、塩、刻んだハーブを加える。よくなじませたら、クレープの要領で、少し厚めに焼いていく。

6 5を丸めて、3mm幅に切る。器に盛り、温めて調味したリンドズッペを注ぎ、刻んだシブレットで飾る。

調理のコツ リンドズッペを作る際、肉は80℃以上で入れる（それ以下だと白濁しやすい）。決して沸騰させない。

シュタイヤーマルク州の
カボチャスープ
Steirische Kürbissuppe

シュタイヤーマルク州は良質なパンプキンシードオイルを作るためのカボチャの産地としても名高い。オイルのナッツ香と実の甘み、たがいが引き立て合うスープだ。

材料 4人分
カボチャ … 200g
タマネギ … 40〜50g
バター … 20g
トマトペースト … 小さじ 1/2
パプリカパウダー … 小さじ 1
鶏のフォン … 200ml
牛乳 … 50〜70ml
生クリーム … 30〜40ml
塩、コショウ … 適量
パンプキンシードオイル … 適量
クルトン … 適量
シブレット … 適量

1 カボチャは皮をむいて4cm角に切り、蒸し焼きにする。余分な水分を飛ばし、ほっくりとした仕上げにする。

2 鍋にバターを熱し、薄切りのタマネギを炒め、トマトペーストとパプリカパウダーを加え、さらに炒める。

3 鶏のフォン、1、牛乳、生クリームを加え、塩、コショウで下味をつけ、20〜30分間煮込む。

4 カボチャが煮崩れて溶けてきたら、ミキサーにかける。最後に塩で味を調える。

5 器に盛り、パンプキンシードオイルをかけ、クルトン、シブレットを散らす。

「緑の黄金」ともいわれる、シュタイヤーマルク州のパンプキンシードオイル。栄養価の高さからも注目されている、オーストリアならではの油だ。

グーラッシュズッペ ウィーン風
Wiener Gulaschsuppe

ハンガリーのスープ「グヤーシュ」は
オーストリアを通り、ドイツへと伝わった。
さらっとしたハンガリーに対し、
ウィーン風グーラッシュはとろみがあり、
まろやかな味だ。

材料 4人分
牛モモ肉 … 160g
＊リンドズッペ（p.139）を作る際に一緒に煮込んでおく
タマネギ … 120g　赤パプリカ … 1個
ジャガイモ（メークイン）… 200g
パプリカパウダー … 大さじ2
クミンパウダー … 小さじ1
マジョラム … 適量　サラダ油 … 20ml
強力粉 … 適量
トマトペースト … 小さじ2
塩、コショウ … 適量
シブレット … 適量
リンドズッペ … 600～800ml

1. 鍋にサラダ油を熱し、みじん切りにしたタマネギをきつね色になるまで炒める。

2. 赤パプリカを足して炒めたら、トマトペースト、パプリカパウダーを加え、冷たいリンドズッペを一気に加える。

3. 沸騰したらニンニク、クミン、マジョラムを加えて、パプリカが柔らかくなるまで煮る。これをミキサーにかける。

4. 3を鍋に戻し、一口大に切った牛モモ肉、1cm角に切ったジャガイモを加えてさらに煮る。

5. ジャガイモが柔らかくなったら、強力粉をリンドズッペ（分量外）で溶かし、鍋に足してとろみをつける。塩、コショウで味を調え、器に持って刻んだシブレットを飾る。

鶏のクリームスープ
Hühnercremesuppe

ハプスブルクの宮廷料理を記した
文献に残っているスープ。
鶏ムネ肉を使ったヴルーテといった趣だ。
パセリを練り込んだノッケルンを
崩しながら食べる。

材料 4人分

鶏ムネ肉 … 150g　エシャロット … 65g
バター … 35g　白ワイン … 15ml
鶏のフォン … 120ml　牛乳 … 80ml
生クリーム … 40ml　強力粉 … 20g

鶏のノッケルン

鶏ひき肉 … 120g　タマネギ … 30g
バター … 20g　卵 … 適量
イタリアンパセリ … 適量
ディル … 適量

塩、コショウ … 適量

1　鶏ムネ肉は皮をひき、7〜8mm角に切る。

2　薄切りにしたシャロットをバターでじっくり炒めて、**1**を加える。水分を飛ばすようにさらに炒めて小麦粉を足し、色がつかない程度に炒める。

3　白ワインを加え、アルコール分を飛ばしたら鶏のフォン、牛乳、生クリームを加え、軽く煮る。

4　ミキサーにかけてピュレ状にし、シノワで漉す。塩、コショウで味を調える。

5　ノッケルンを作る。みじん切りにしたタマネギをバターでじっくり炒める。ボウルにすべての材料を入れて粘り気がでるまで混ぜたら、スプーンでクネル状に丸め、軽く塩を入れた鶏のフォン（分量外）で、ぱさつかない程度に火を通す。

6　器にノッケルンをのせ、**4**を注ぐ。

清流クレソンのスープ
Bach Kressesuppe

ユネスコ世界遺産のひとつである
ヴァッハウ（Wachau）。
ドナウ川沿岸のワイン産地で
清流にはクレソンが密生している。
辛みの強いクレソンの、鮮やかな緑色は
白ワインを入れることで酸化せず保てる。

材料 4人分
タマネギ … 80g
クレソン … 80〜100g
バター … 30g
鶏のフォン … 180ml
白ワイン … 120ml
牛乳 … 150ml
生クリーム … 50ml
ローリエ … 1枚
塩、コショウ … 適量

1　鍋にバターを熱し、薄切りにしたタマネギを蒸し煮するようにする。

2　白ワインを加え、2/3量になる程度まで煮詰めたら、鶏のフォン、牛乳、生クリーム、ローリエを加えて、弱火で30分ほど煮る。

3　ローリエを取り出し、クレソンを入れたら軽く沸騰させ、ミキサーにかける。

4　鍋に戻し、塩、コショウで味を調える。

オーストリア ｜ 銀座ハプスブルク・ファイルヒェン

フレッシュチーズの冷製スープ
Sauermilch Kaltschale mit Kräuternockerln

フレッシュチーズとサワークリーム
そしてハーブのノッケルン(団子)を組み合わせた
夏ならではの冷製スープ。
塩気よりも乳糖の甘みを感じる、
爽やかで優しい味のスープだ。

材料 4人分

サワークリーム … 30～40g
フロマージュブラン … 50～70g
牛乳 … 150ml　生クリーム(38%) … 60ml
塩、コショウ … 適量

ノッケルン

フロマージュブラン … 50g
生クリーム … 150ml　卵白 … 1個分
ディル(刻み) … 大さじ3
イタリアンパセリ(刻み) … 大さじ2
セルフィーユ(刻み) … 大さじ2
ゼラチン … 1枚　塩、コショウ … 適量

1. スープの材料すべてをボウルに入れ、氷水を当てながら、泡立て器で一気に混ぜる。なめらかになったら冷蔵庫で半日ほど置き、味を落ち着かせる。

2. ノッケルンを作る。フロマージュブランと生クリームを鍋に入れ、軽くあわせたら、ふやかしたゼラチンを加え。沸かさないように軽く火を入れて、ゼラチンを溶かす。

3. 粗熱をとり、冷やしたら卵白を加え、よく混ぜる。ディル、イタリアンパセリ、セルフィーユを加え、塩、コショウで味を調えたら、冷蔵庫で寝かす。

4. 器に **1** のスープを注ぎ、楕円形に丸めたノッケルンをのせる。ノッケルンの上に、ディルとイタリアンパセリの葉(分量外)を飾る。

キュウリの冷製スープ ディル風味
Gurken Kaltschale

キュウリとサワークリーム、ディルの
組み合わせは、ブルガリアのスープ
「タラトル」を彷彿とさせる。
キュウリのえぐみを取り除き
爽快な風味のみを生かしている。

材料 4人分
キュウリ…2本　サワークリーム…30g
クレーム・ドゥーブル…30g
生クリーム…50ml　牛乳…80ml
野菜のフォン…30〜40ml
鶏のフォン…20ml　ハチミツ…少々
ディル（葉）…大さじ2
塩、コショウ…適量

浮き実
キュウリ…1本　ディル…少々
ヴィネグレット…少々　塩…適量

1. キュウリは皮をむいて薄切りにする。塩水（分量外）を沸騰させ、キュウリをさっと茹で、冷水にとる。熱が取れたら、水気を絞っておく。

2. ミキサーに**1**、サワークリーム、クレーム・ドゥーブル、牛乳、野菜のフォン、鶏のフォン、ハチミツを入れて、高速で短時間かける。

3. 生クリームを加えて混ぜたら、シノワで漉す。細かく刻んだディルを加える。

4. 浮き実を作る。キュウリは皮をむいて薄切りにする。塩もみして、しんなりしたら水気を絞り、ヴィネグレット、刻んだディルと和える。

5. **4**を器にのせ、**3**を注ぐ。ディルの葉（分量外）で飾る。

調理のコツ
分離しやすいので、ミキサーにかける時間はなるべく少なく。**3**では刻みたてのディルを使う。
また、浮き実に使うヴィネグレットは甘みのあるタイプがよい。

オーストリア　｜　銀座ハプスブルク・ファイルヒェン

ウィーン風 ジャガイモのスープ マジョラム風味
Wiener Kartoffelsuppe

粘りがあり、甘みの強いジャガイモで作る、力強い味わいのスープ。
ハーブやスパイス、
チロル地方の生ハムの燻製香が味に奥行きを出している。

材料 4人分
- ジャガイモ（インカのめざめ）… 250g
- タマネギ … 65g　ニンジン … 40g
- 根セロリ … 60g　ニンニク … 5g
- ベーコン … 30g　強力粉 … 15g
- バター … 20g　サラダ油 … 10ml
- リンドズッペ … 300〜400ml
- 牛乳 … 30ml　生クリーム … 20〜30ml
- マジョラム … 適量
- クミンパウダー … 2つまみ
- チロルの生ハム … 適量
- 発泡白ワイン（シャウム）… 適量

1. ジャガイモは皮をむき1cm角に、タマネギ、ニンジン、ニンニクはみじん切りに、ニンジン、根セロリはチーズおろしですりおろし、ベーコンは千切りにする。

2. 鍋でバターとサラダ油を熱し、タマネギとニンニクを薄いきつね色になるまで炒めたら、ベーコン、ニンジン、根セロリを加え、弱火で蒸し煮する。

3. ふるった強力粉を加え、鍋底をこそげつつ火を入れたら、冷たいリンドズッペを一気に入れて火力を強め、よく混ぜる。

4. ニンニク、ジャガイモ、クミンを加えて、ジャガイモが柔らかくなるまで弱火で煮る。常に鍋底をヘラでこそぐ。

5. マジョラムを加え、牛乳、生クリーム、塩、コショウで味を調整する。生ハムと発泡ワイン少々をのせる。

白ワインのスープ
燻製にした岩魚とともに
Weisswein Schaumsuppe mit räucher Bachsaibling

ニーダーエスタライヒ州の銘醸地、ヴァッハウの白ワインを使ったスープ。軽い燻製にした岩魚はグリューナー・フェルトリーナが持つきれいな酸と好相性だ。

材料 4人分

タマネギ…80g　ポワロー…80g　バター…30g
パン(中の白い部分)…30g　白ワイン…220ml
ベルモット(Noilly Prat)…80ml　鶏のフォン…100ml
牛乳…60ml　生クリーム…50ml
赤ピーマン(3mm角切り)…少々　クルトン(3mm角切り)少々

岩魚(イワナ)の燻製

材料 岩魚(塩:グラニュー糖=1:1、コショウ少々)…120g
3枚におろした岩魚に、塩、グラニュー糖、コショウをまぶし、常温で1時間マリネする(途中で一度天地を返す)。別のバットに移し、冷蔵庫で一晩寝かせたら、48℃のオーブンで1時間焼き、柔らかくなったら燻製器に入れ5〜7分燻す

1. 鍋にバターを溶かし、薄切りにしたタマネギとポワローを炒める。

2. 白ワイン、ベルモットを加え、一度だけ沸騰させる。ワインの香りは飛ばさないように。

3. ちぎったパン、鶏のフォンを加え、温まったら牛乳、生クリームを入れ、一度だけ沸騰させる。

4. 熱いうちに高速・短時間でミキサーにかけて、塩、コショウで味を調える。

5. 一口大に切った岩魚の燻製を器に盛り、5を注ぐ。赤ピーマンとクルトンを散らす。

ヴァッハウ地区を代表する作り手であるピヒラー。オーストリア固有品種ブドウであるグリューナー・フェルトリーナで、ミネラル感があり香り高い白ワインを醸造している。

オーストリア　｜　銀座ハプスブルク・ファイルヒェン

Column

ドイツのスープとジャガイモ

On German soup and history of potato

ドイツの地方色豊かな食文化

ドイツ人の祖先であるゲルマン人の食生活は、肉と乳製品が中心だったという。ゲルマンの大移動のなかで、彼らはパンとワインを中心とした地中海文化と出会い、融合していくなかで食文化が育まれていった。

さて、一口にドイツ料理といっても、州や都市ごとに、風土も食文化も違いがある。これは風土の違いのほか、その土地が歩んだ歴史の違いも影響しているようだ。特徴をいくつかの地域に分けて紹介しよう。

● 北ドイツ

海に面しているため漁業が盛んだが、畜産や酪農も盛んな地である。「魚のスープ」（p.117）のほか、ハンブルグでは「アールズッペ」という酸味のきいたウナギのスープもある。

● 北西ドイツ

ドイツ有数の穀倉であり酪農地帯でもある。伝統料理は生ハム、黒パン、ビール。アルトビールで有名な町、デュッセルドルフには「ブラウアー・ハインリッヒ」という、ポトフーに似た大麦入りのスープがある。

● 西ドイツ

モーゼル河沿いの町トーリアは、かつてコンスタンティヌス帝が住んでおり、今もローマ時代の遺跡が残る。温暖な気候で豊饒な土地であり、ローマ時代から続くワインの名醸地としても知られる。

ヘッセン州も古くはローマ人が支配し、彼らの贅沢な食生活は文献に残っている。中世にはフランクフルトが拠点となり、ライン河を利用した香辛料貿易が盛んに行われた。名産はソーセージ。「レンズ豆のスープ」（p.113）は、フランクフルトの食文化を代表する料理だ。

● 南ドイツ

南ドイツ料理は、小麦粉を使った料理が充実していることが特徴だ。特にシュワーベン地方はパスタ文化が発達した地。名物はシュペッツレという、ひも状のパスタ。主食として食べるほか、スープに入れることもある。パスタ生地に具をつめるラビオリ様のパスタ、ジャガイモを練り込んだパスタなどもある。

バイエルンの名物は「クネーデル」という団子料理。なかでもレバー入り団子をスープに浮かべた料理（p.112）が人気だ。カタツムリのスープもある。

● 東ドイツ

ザクセンは湖水を数多く有する平坦な地域。ベルリンは1871年のドイツ帝国誕生以来、ドイツの政治、経済の中心となっている都市。フランスをはじめ、様々な食文化が流入し、洗練された料理が発達した。豚スネ肉を茹で、ザワークラウトを添えて食べるアイスバインの発祥ともいわれている。

ジャガイモがヨーロッパに根付くまで

ドイツやアイルランド、ロシア、東欧のスープ料理に、広く使われている野菜のひとつがジャガイモだ。しかし南米産のジャガイモがヨーロッパに浸透するまでは、紆余曲折があった。

南米アンデスで誕生したジャガイモは、7000年前には栽培化が始まったといわれている。ヨーロッパには16世紀の大航海時代、インカ帝国に侵略したスペイン軍によりもたらされたようだ。16世紀後半になると、スペイン南部をはじめとして、徐々にネーデルラントやフランドル、イギリスやアイルランドへと栽培が広がっていった。

しかしドイツにおいては、新奇な食べ物に対する抵抗感、有毒であるという迷信から、食用としての栽培が定着するのは17世紀末から18世紀初頭と遅く、栽培場所もファルツ地方とフォークトラント地方に限定されていたという。

18世紀にはジャガイモ普及のための様々な啓蒙活動が行われてきた。このとき即位していたフリードリヒ二世は、畑へ視察に赴き、自ら国民の前でジャガイモを食べてみせ、国民にも食べるよう命じたという逸話も残っている。

ジャガイモ栽培をドイツ全域に一気に広げることとなるのは1770年前半に起きた大飢饉による。冬の寒さと夏の長雨で、中欧の穀物地帯が壊滅的な被害を受けるなか、ジャガイモを栽培していた地域では飢饉の影響をほとんど受けなかった。この頃からジャガイモの収穫率の高さや寒冷耐性、栄養価の高さが評価され、19世紀前半には穀物と並ぶ主要な栄養源として一般庶民の食卓にも登るようになった。

一方、ロシアではさらに栽培が遅れ、国家の強制作付けキャンペーンに対し、1840年に農民たちが「ジャガイモ一揆」を起こしている。本格的に栽培が始まったのは19世紀後半のことだ。

こうした偏見と抵抗の流れに反し、積極的に栽培したのがアイルランドだ。17世紀には栽培が受け入れられ、18世紀には「(アイルランドの人々は)1年のうち10か月はジャガイモとミルクだけで過ごし、残りの2か月はジャガイモと塩だけ食べている」[*1]と記されるほど主要な作物となっていた。

しかし19世紀には「ジャガイモ飢饉」が起きる。ジャガイモに疫病が発生し、1845年には収量が半減し、46年には9割が疫病にかかったのだ。48年に再び収量が激減し餓死者が続出。アイルランドは一連の大飢饉で100万人の犠牲者を出し、加えて150万人近くの人々がイギリス、アメリカ、カナダ、オーストラリアなどの新天地へと移住していったという。

今では各地で改良が重ねられ、ジャガイモは各国の風土により適するようになった。これらの国々は今や郷土料理としてジャガイモを多用している。

---

*1 | B.S.ドッジ著、白幡節子訳『世界を変えた植物——それはエデンの園から始まった』八坂書房、1988年

ハンガリー

Hungary

中央ヨーロッパ（ポーランド、チェコ、スロバキア、ハンガリー）の
一つであるハンガリー。
国民の多くがマジャール人で、
その祖先はウラル山脈の南方から来たともいわれる。
パプリカの一大産地として知られ、
伝統的なスープや料理もパプリカの入ったものが多い。

アズ・フィノム
p.152 – 163

―

Column
東欧のスープ 1、2
p.192 – 193、p.208 – 209

CZECH REP.		POLAND
チェコ		ポーランド

SLOVAKIA
スロバキア

AUSTRIA
オーストリア

UKRAINE
ウクライナ

Tokaj
トカイ

Holloko
ホッロークー

Miskolc
ミシュコルツ

Budapest
ブダペスト

Nyíregyháza
ニレジハーザ

HUNGARY
ハンガリー

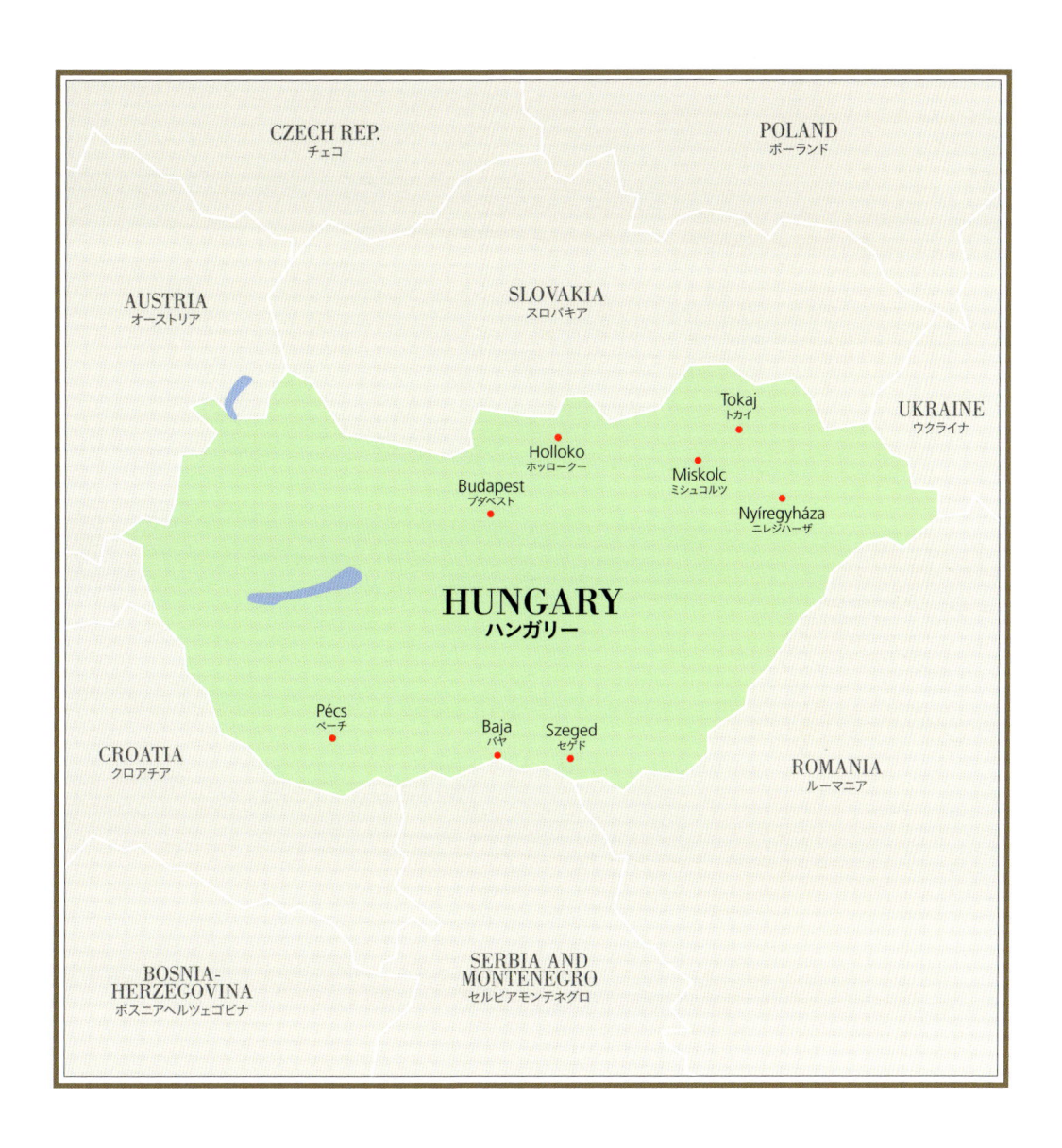

Pécs
ペーチ

Baja
バヤ

Szeged
セゲド

CROATIA
クロアチア

ROMANIA
ルーマニア

BOSNIA-
HERZEGOVINA
ボスニアヘルツェゴビナ

SERBIA AND
MONTENEGRO
セルビアモンテネグロ

ハンガリー | アズ・フィノム

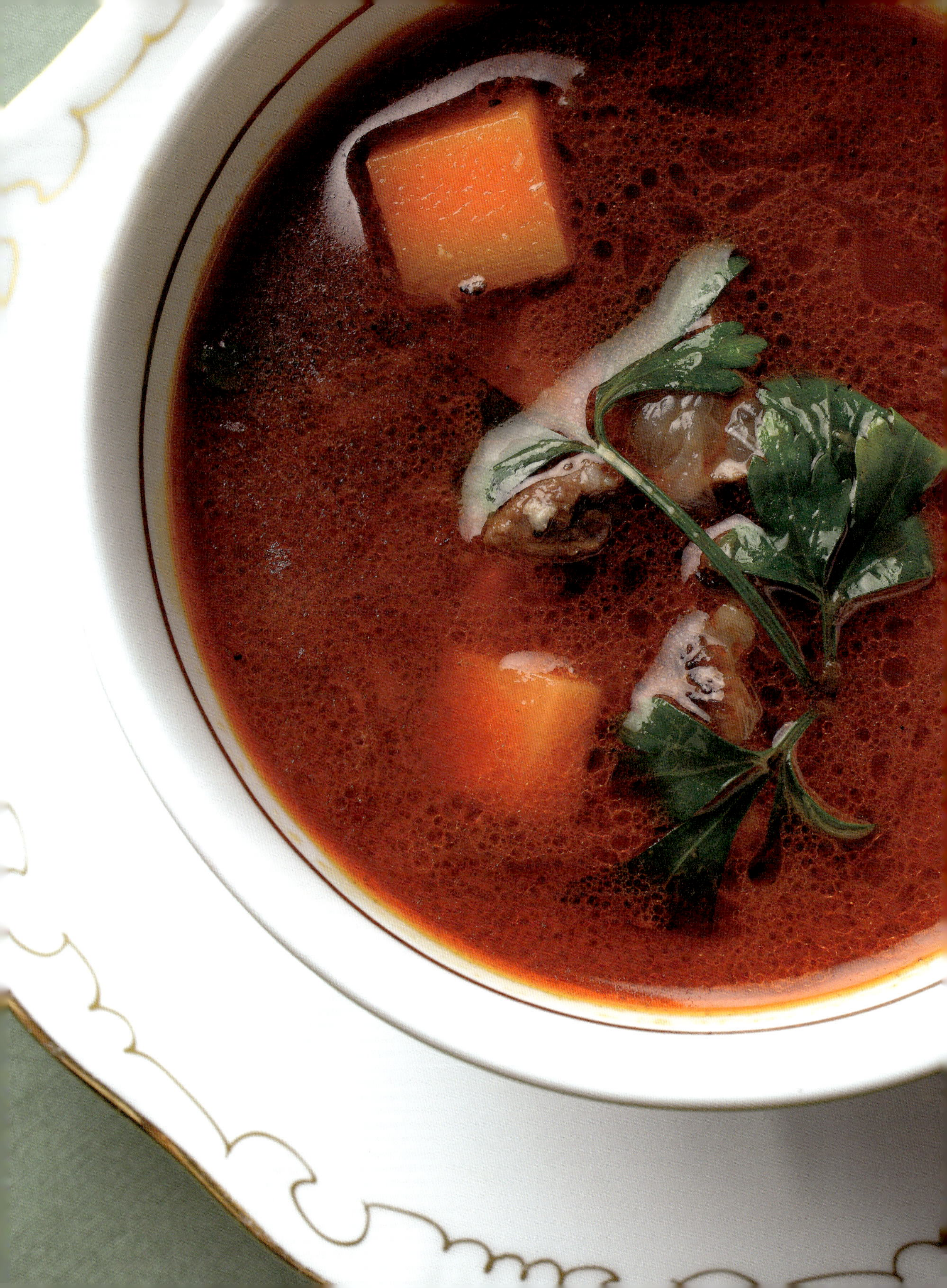

グヤーシュ
Gulyás

牛肉と野菜を、パプリカで煮込んだ
ハンガリーの伝統的なスープ。
「牛飼い」の意味を持ち、
かつては農作業の間に食べられるよう、
外に大鍋をかけて作っていた。

鮮やかな色でコク深い味わいのハンガリー産パプリカパウダー。辛みと甘みのバランスが良いのも特徴。

材料 4人分
牛スネ肉 … 600g
タマネギ … 2個
セロリ … 1本
ニンジン … 1本
ジャガイモ … 2個
サラダ油 … 100g
パプリカパウダー … 10g
ニンニク … 4〜5片
水 … 適量
塩、コショウ、キャラウェイシード … 適量

1 大きめの鍋に油をしき、タマネギが飴色になるまで炒め、火から下ろした後パプリカパウダーを入れて混ぜる。ひたるくらいまで水を入れ、すりおろしたニンニクを加え、塩、コショウで味付けする。水気がなくなるまで煮込んだら再びひたるくらいまで水を足し、それを4〜5回繰り返す。

2 1に一口大に切った牛スネ肉を入れ、炒めるように火を通す。

3 セロリ、キャラウェイシード、塩、コショウを入れ、水を足しながら中火でじっくりと煮込む。肉がやわらかくなったら一口大に切ったニンジンを入れ、水を足しながら煮込み続ける。

4 ニンジンがやわらかくなったら、一口大に切ったジャガイモを加えて煮る。しっかり火が通ったらセロリを取りのぞき、塩、コショウで味を整える。

調理のコツ 煮る際には、肉の形崩れを防ぐためにヘラでかき混ぜることはせず、鍋を揺らして混ぜる。

ハンガリー ｜ アズ・フィノム

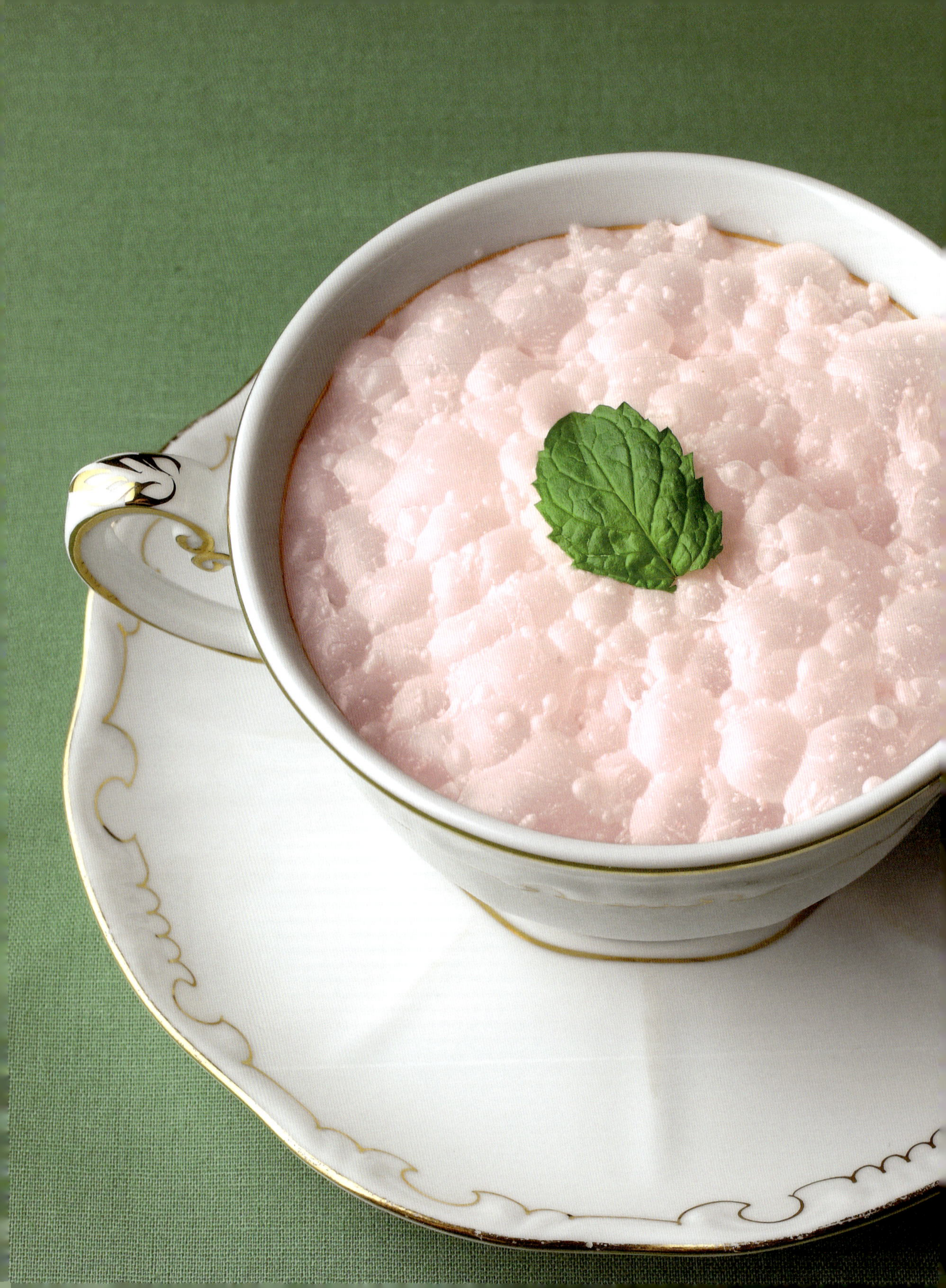

サワーチェリーのスープ

Meggyleves

ハンガリーでは夏によく飲まれるスープ。
デザートではなく、
前菜とメインディッシュの間に出される。
控えめな甘さと酸味のバランスが印象的だ。

サワーチェリーのシロップ漬けもハンガリー製を使用したい。写真はVitamor社の「Meggybefott」。

材料 4人分
サワーチェリー（シロップ漬け）… 1 瓶（680g）
水 … 550ml
サワークリーム … 100ml
ホイップクリーム … 100ml
クローブ … 4個
シナモンスティック … 1/2 本
グラニュー糖 … 50g
小麦粉 … 10g
ミントの葉 … 1 枚

1 サワーチェリーを実とシロップに分ける。

2 鍋にシロップと水500ml・塩・クローブ・シナモンを入れ、火にかける。

3 ボウルにグラニュー糖・小麦粉・ホイップクリーム・サワークリーム・水50mlを入れ混ぜる。

4 ボウルに**2**を少量加えて、混ぜる。

5 鍋に**4**を裏ごししながら入れる。

6 弱火で沸騰させないように約5分間煮る。

7 大きなボウルに氷水を用意し、鍋ごと冷やす。

8 冷めたらサワーチェリーの実を入れる。好みでスープを泡立て、ミントの葉を飾る。

調理のコツ サワーチェリーの実を入れるのは最後に。

ハンガリー ｜ アズ・フィノム

パローツ・スープ
Palócleves

ブダペストの北東約100kmに
パローツ地方がある。
世界遺産のホッローク一村で有名な
この地では
羊肉を使った「パローツ・スープ」が名物だ。

材料 4人分

羊肩ロース肉 … 350g　タマネギ … 2個
ジャガイモ … 大1個　インゲン豆 … 170g
サラダ油 … 大さじ3
パプリカパウダー … 小さじ1
ニンニク … 1かけ
キャラウェイシード … 小さじ1/4
ローリエ … 1枚
水 … 適量
サワークリーム … 120ml
小麦粉 … 大さじ2　ディル … 大さじ1
塩 … 適量

1　鍋で油を熱し、みじん切りにしたタマネギをきつね色になるまで炒める。鍋を火から外し、パプリカパウダーと水500mlを加え混ぜたら、再び弱火にかけ、1cm角に切った羊肉、すりおろしたニンニク、キャラウェイシード、ローリエ、塩を入れ、蓋をして1時間20分程、肉が柔らかくなるまで煮る。水分が少なくなったら途中で水を足す。

2　フライパンに1cm角に切ったジャガイモと水250ml、塩を入れ、ジャガイモが柔らかくなるまで10〜12分程茹でる。水を切らずに、火から外しておく。

3　1cm角に切ったインゲンと水250ml、塩を入れ、8〜10分程茹でる。水を切らずに、火から外しておく。

4　サワークリーム、小麦粉、水60mlをボウルに入れよく混ぜる。

5　1に茹で汁も一緒に2、3、4を順に入れ、沸騰させて5分間煮る。水で濃さを調整し、ローリエを外す。器に盛り、サワークリーム（分量外）とディルを飾る。

ハラースレー 漁師のスープ
Halászlé

ナマズやコイなどの淡水魚で作るスープ。
ハラース（Halász）は漁師を、
レー（lé）はスープ（leves）を意味する。
バヤ（Baja）地方ではヌードルを入れるが
地方によって、入れる食材は変わってくる。

1. コイはウロコを取り、内臓を取りだし、3枚におろす。切り身を約3cmの厚さに切る。切り身、卵巣、白子を塩でしめ、冷蔵庫で1時間ぐらい冷やす。

2. 鍋に魚の切り身（4切れは浮き実用に取っておく）、みじん切りにしたタマネギ、水を入れ、沸騰させる。アクを取り、パプリカパウダーを加えて15〜20分間煮込む。

3. 卵巣と白子（好みによって鷹の爪）を加え、更に20分煮る。漉し器で漉す。

4. 2で取っておいた切り身をフライパンで焼き、ヌードルを茹でる。皿にヌードル、焼いた魚の切り身を入れ、スープをかける。

材料 4人分
- 淡水魚（今回は75%コイ、ほか淡水魚を使用）… 3kg
- タマネギ … 3個
- 水 … 3600ml
- パプリカパウダー … 大さじ1
- 塩 … 適量
- 鷹の爪（好みで）… 4個
- ヌードル（フェットチーネ）… 120g

ハンガリー ｜ アズ・フィノム

ヨーカイ 豆のスープ
Jókai bableves

ハンガリーの国民的作家、ヨーカイ・モール(Jókai Mór)が好んだという豆のスープ。燻製の豚肉やチペトケが入る。

材料 4人分

豆(紫花豆など大ぶりのもの／一晩水に付ける) … 200g
燻製ハム … 1本
タマネギ … 1/2個　ニンニク … 2かけ
ニンジン … 1本　セロリ … 1/2本
白ニンジン(パセリの根) … 1本
ソーセージ … 250g　サラダ油 … 20g
小麦粉 … 20g　パプリカパウダー … 20g
サワークリーム … 80〜100ml
水 … 適量　塩 … 適量

チペトケ

材料 全卵 … 1/2個　小麦粉 … 60g　塩 … 適量
卵、小麦粉、塩を合わせて練り、ザルなどに押しつけて米粒大の生地にする。手で丸めて形を整える。

1. 鍋に豆、燻製ハム、1cm角のニンジン2種とセロリ、水を入れて煮る。途中でソーセージも入れる。

2. 小鍋でサラダ油を熱し、小麦粉を入れてキツネ色になるまで炒める。みじん切りにしたタマネギ、ニンニク、パプリカ、水少々とサワークリームを加え、よく混ぜ、1に入れる。必要ならば塩で味を調える。

3. チペトケを1粒ずつスープに加え、柔らかくなるまで煮る。燻製ハムを取り出し、一口大に切って鍋に戻す。

4. 1と3を器に盛り、サワークリームをかける。

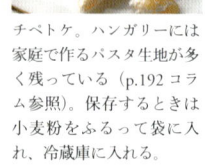

調理のコツ 豆は数種類を入れてもいい。

チペトケ。ハンガリーには家庭で作るパスタ生地が多く残っている(p.192 コラム参照)。保存するときは小麦粉をふるって袋に入れ、冷蔵庫に入れる。

レンズ豆のスープ
Főzelék

ハンガリーではお正月に
レンズ豆を食べるという風習がある。
その形から、レンズ豆がコイン（金）に
喩えられているようだ。

材料 4人分
燻製ハム … 1本
レンズ豆 … 200g
タマネギ … 1個
ニンニク … 2かけ
タカノツメ … 1個
ローリエ … 1〜2枚
塩 … 小さじ1
酢 … 小さじ1
小麦粉 … 大さじ2
サラダ油 … 大さじ1
パプリカパウダー … 小さじ1杯
サワークリーム … 200ml
水 … 適量

1. レンズ豆は洗って水につけておく。

2. 鍋に燻製ハムと水3ℓを入れて火にかけ、アクを取りながら90分間煮る。レンズ豆、タマネギ（丸ごと）、スライスしたニンニク、ローリエを加え、タカノツメと塩で味付けし、さらに1時間煮る。

3. レンズ豆が柔らかくなり、豚足が骨から簡単に外れるようになったら、タマネギとローリエを鍋から取り出す。豚足は皮と骨を外し、肉を一口大に切って鍋に戻す。

4. フライパンにサラダ油を熱し、小麦粉をキツネ色に炒め、パプリカパウダーと水200mlを加えて混ぜる。これを2の鍋に入れ、サワークリームと酢を足し、沸騰させる。

5. 器に盛り、サワークリームとイタリアンパセリ（ともに分量外）で飾る。

ニールシェーギ・ダンプリングスープ
Nyírségi gombócleves

ハンガリー北東の都市、ニール地方のニレジハーザ (Nyíregyháza) 名物、団子のスープ。パプリカを多用するハンガリー料理には珍しい、クリームスープだ。

材料 4人分
鶏モモ肉…2枚　タマネギ…1個
ニンジン…1本　セロリ…1/2本
カブ…1個　マッシュルーム…6個
バター…大さじ2　小麦粉…大さじ1
ローズマリー…1本　水…適量
レモン…1個（一部はスライスし、残りは絞り汁に）
生クリーム…140ml　塩、コショウ…適量

ダンプリング
ジャガイモ…200g　小麦粉…100g
卵…1個　バター…30g
ナツメグ…適量　塩、コショウ…適量

1. ダンプリングを作る。ジャガイモを丸ごと茹でて、皮をむき潰す。塩、コショウ、ナツメグ、小麦粉、バター、卵を入れて練る。べたつくようなら小麦粉を足す。濡れた手で直径4cm程度のボールを作り、塩を入れた湯で茹でる。水面に上がってきたら2-3分でザルに上げる。

2. スープを作る。鍋に一口大に切った鶏モモ肉と水を入れ火にかける。途中で一口大に切った野菜を加える。塩、コショウ、ローズマリーで味付けし、30分間煮る。

3. 小鍋でバターを熱し、小麦粉を入れ、混ぜながらキツネ色になるまで炒める。これを2に加えて混ぜる。ダンプリング、レモン汁を加えて味を調える。

4. 生クリームを混ぜて、すぐに皿に盛り、レモン1切れとローズマリー（分量外）を飾る。

ハンガリー語で団子は「ゴンボーツ（gombóc）」という。ジャガイモが入り、腹もちのよい具だ。

ハンガリー風グリーンピースのスープ
Magyaros zölderbarsóleves

農業大国のハンガリーは四季を通して多くの種類の野菜が市場に並ぶ。グリーンピースも人気野菜のひとつ。パプリカを入れたスープは夏の定番スープだ。

材料 4人分
グリーンピース … 400g
タマネギ … 1個
ニンジン … 2本
白ニンジン（パセリの根）… 1本
ピーマン … 1個
小麦粉 … 大さじ1
サラダ油 … 大さじ1
パプリカパウダー … 小さじ2
水 … 2700ml
塩 … 小さじ2

チペトケ（*材料、作り方はp.158参照）

1. 鍋に、さやから出したグリーンピース、タマネギ（丸ごと）、一口大に切ったニンジンと白ニンジンを入れ、水2500mlを足す。火にかけ沸騰したら塩と一口大に切ったピーマンを加え、30分ほど煮る。

2. チペトケを作る（p.158参照）。

3. 小鍋に油を熱し、小麦粉を入れてキツネ色になるまで炒める。火から外し、パプリカパウダーを加えてよく混ぜたら、水200mlで薄める。

4. **1**に**3**を加え、混ぜて沸騰させる。

5. タマネギを取り出し、チペトケを加える。塩で味を調え、チペトケが水面に上がってきたら、さらに5分間煮る。

冷たいモモのスープ
Hideg őszibarackleves

サワーチェリーのスープと同じく
このスープも食中のスープとして飲まれる。
モモのほか、アンズなど
季節の果物を使って
多彩なフルーツのスープが作られている。

材料 4人分
モモ … 1200g
甘口白ワイン … 400ml
粉糖 … 大さじ2
砂糖 … 300g
レモン汁 … 1個分
レモンの皮 … 1個分
小麦粉 … 120g
生クリーム … 300ml
水 … 3000ml
塩 … 少々

生クリーム … 適量　ミントの葉 … 適量

1 モモは皮をむき、半分に割って種を取る。1/3量を5mm角に切り、粉糖と甘口白ワイン200mlをかけて冷蔵庫で冷やす。

2 残りのモモ2/3量はスライスする。鍋に砂糖、水、塩を入れて火にかけ、沸騰したらモモを入れて柔らかくなるまで煮る。

3 鍋に、薄く切ったレモンの皮、水少々（分量外）を入れ沸騰させる。その煮汁を2に足す。

4 ボウルに小麦粉と生クリームを入れ、ダマが無くなるまで混ぜたら、熱い3のスープを少々入れよく混ぜ、3に足す。とろみが付くまでよく煮る。

5 ミキサーにかけ撹拌したら、よく冷やしてレモン汁、甘口白ワイン200ml、砂糖（分量外）で味を調える。器に1のモモを入れ、スープを注いだら、好みで泡立てたクリームとミントをのせる。

ハンガリー風マッシュルームスープ
Magyaros gombaleves

マッシュルームは
秋の到来を知らせる食材。
トマトのピュレを使い
色鮮やかで爽やかなスープに
仕立てている。

材料 4人分

マッシュルーム … 500g
タマネギ … 3個
サラダ油 … 50ml
トマトピューレ … 大さじ1
小麦粉 … 大さじ3
サワークリーム … 200ml
キャラウェイシード … 少々
水 … 1700ml
レモン汁 … 大さじ2
塩 … 適量
コショウ … 小さじ1/2
イタリアンパセリ … 適量

1. 鍋にサラダ油を熱し、みじん切りにしたタマネギを炒める。薄切りにしたマッシュルームを加えて蓋をして、時々混ぜながら、マッシュルームが半量になるまで蒸し煮する。

2. キャラウェイシード、トマトピューレ、水200ml、塩を入れ、再び蓋をし、完全に柔らかくなるまで煮る。マッシュルームが柔らかくなったら水1500mlを加え、蓋を外して沸騰させる。

3. ボウルに小麦粉を入れ、パンケーキの生地状になるまで水（分量外）を加えて混ぜる。サワークリームも足して混ぜながら、少しずつ2の鍋に加える。沸騰したら弱火にして、粉っぽさが消えるまで時々混ぜながら煮る。

4. レモン汁、塩、コショウで味を整えたら器に盛り、イタリアンパセリを飾る。

ルーマニア

Romania

「ローマ人の土地」を意味する国名で、
スラブ系民族の国家が隣接する中、
珍しくラテン系の流れをくむ。
オスマントルコやハプスブルクの支配を受け、
現在の共和制国家となるのは1918年である。
料理はハンガリーやオーストリアからの影響がみられるほか、
イタリアとの類似性も見られるようだ。

ダリエ
p.166 – 177

Column
東欧のスープ 2
p.208 – 209

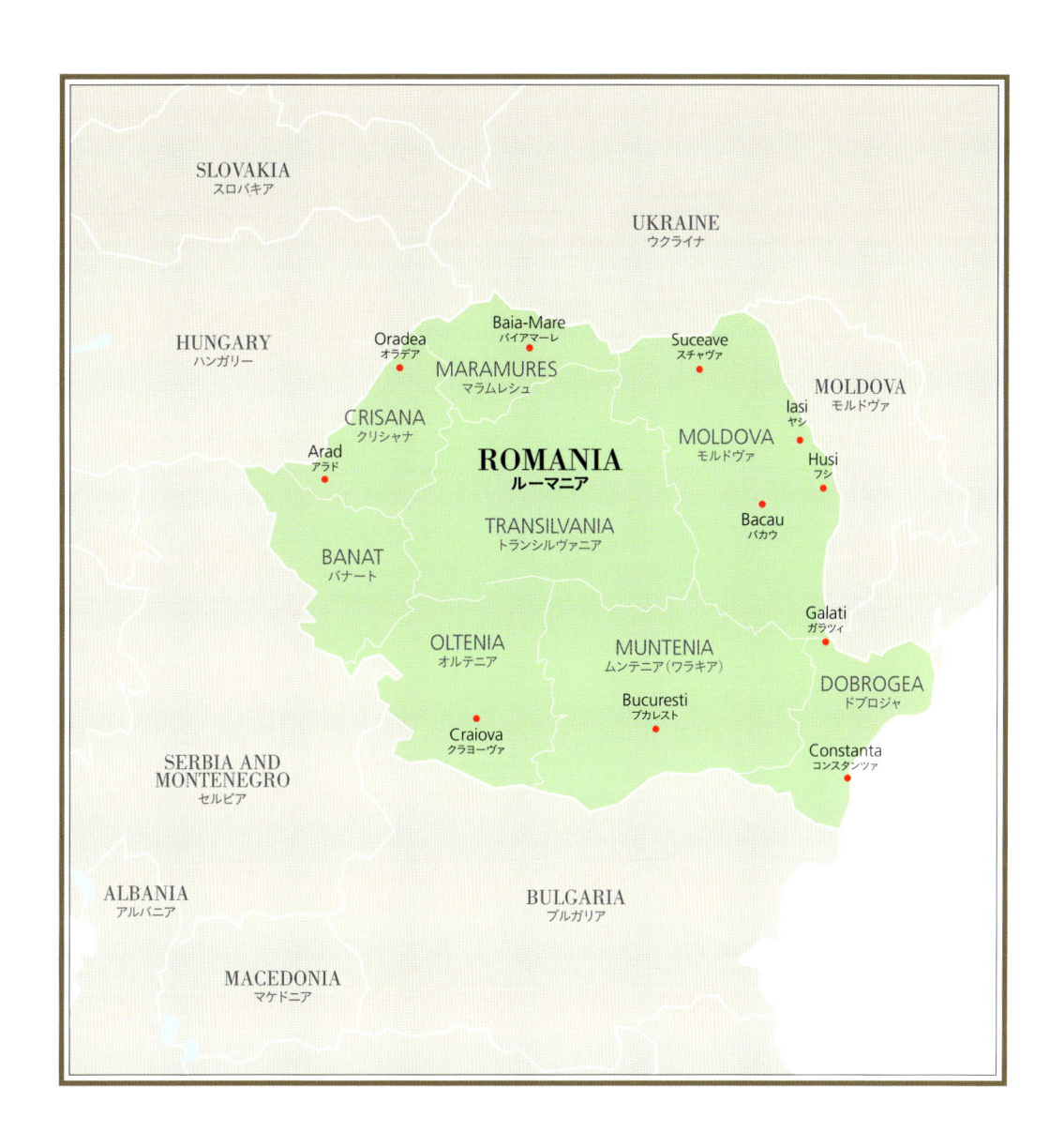

SLOVAKIA		UKRAINE
スロバキア		ウクライナ

Baia-Mare
バイアマーレ

Oradea
オラデア

Suceave
スチャヴァ

HUNGARY
ハンガリー

MARAMURES
マラムレシュ

MOLDOVA
モルドヴァ

CRISANA
クリシャナ

Iasi
ヤシ

Arad
アラド

MOLDOVA
モルドヴァ

ROMANIA
ルーマニア

Husi
フシ

BANAT
バナート

TRANSILVANIA
トランシルヴァニア

Bacau
バカウ

Galati
ガラツィ

OLTENIA
オルテニア

MUNTENIA
ムンテニア（ワラキア）

DOBROGEA
ドブロジャ

Bucuresti
ブカレスト

Craiova
クラヨーヴァ

Constanta
コンスタンツァ

SERBIA AND
MONTENEGRO
セルビア

BULGARIA
ブルガリア

ALBANIA
アルバニア

MACEDONIA
マケドニア

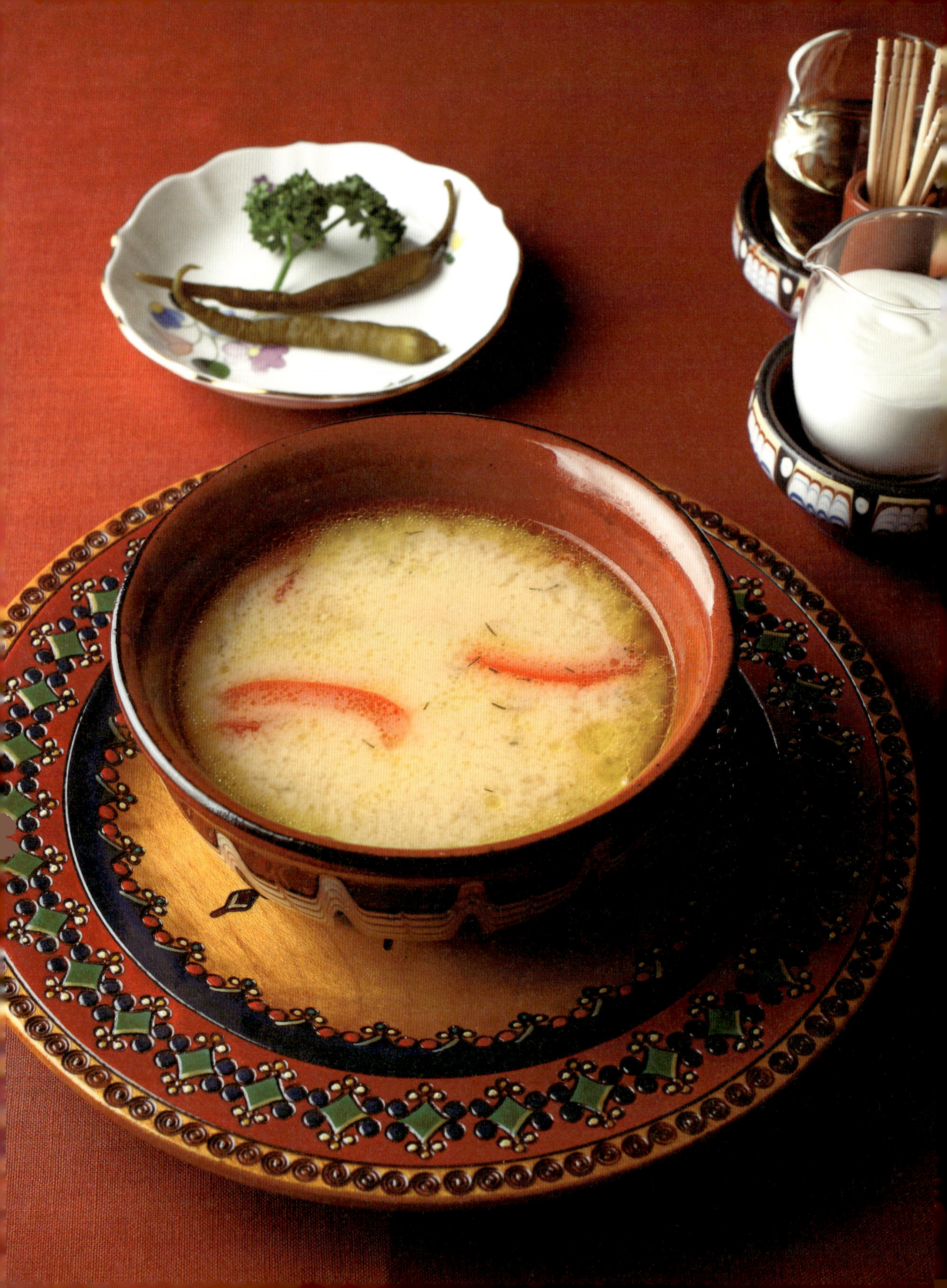

牛ハチノスの
サワークリーム チョルバ
Ciorbă de burtă

ルーマニアの代表的なスープ。
牛の胃袋（ハチノス）を使ったスープだが
見た目に反して、味はマイルド。
唐辛子の漬物（アルデイ・ユッテ）をかじりながら
酢やサワークリームを入れて食べる。

下茹でがしっかりしていることと、酢などの酸味が効いていることから、臓物の臭みはあまり感じない。食事時のほか、二日酔いの朝にもよく食べられるようだ。

材料 4人分

ブイヨン
- 牛ハチノス … 150g
- タマネギ … 1/2個
- ニンジン … 1/3本
- セロリ … 1/3本
- ニンニク … 1かけ
- 黒粒コショウ … 5粒
- ローリエ … 1枚
- パセリの茎 … 2本分
- ディルの茎 … 3本分
- 水 … 1500ml
- 塩 … 1つまみ

スープの具
- タマネギ（みじん切り） … 1/6個
- 赤パプリカのピクルス（千切り） … 1/10個

A
- 卵黄 … 1個
- ムジデイ … 小さじ2※
- サワークリーム … 40g
- 薄力粉 … 15g
- ディル … ひとつまみ
- 黒コショウ … 適量

※ニンニクペーストのこと。
ニンニク：水：塩＝1：4：1をすりつぶす。

- ヒマワリ油 … 小さじ1
- ニンジン（千切り） … 小1
- 酢 … 小さじ1

1. 牛ハチノスの下茹でとブイヨン作りをする。ハチノスは水でよく洗い、ブイヨンの材料すべてと鍋に入れ、沸騰したら弱火で3〜4時間、串がすっと入るまで煮る。ハチノスだけを取り出し、布漉しする。

2. ハチノスは千切りにする。ブイヨンは1000〜1200ml鍋に用意する。鍋にタマネギを加えて、沸騰してから20分間、常に対流している程度の火加減で煮る。

3. ハチノスを加え、火加減はそのまま、さらに20分間煮る。

4. パプリカのピクルスを加え、5分間煮る。ピクルスは洗わず、自然の酸味を残す。

5. **A**をボウルに入れ、ホイッパーで混ぜながら、**4**のスープを少しずつ加える。

6. ボウルの材料が混ざったら鍋に戻し、軽く煮込む。

7. ニンジンオイルを作る。小鍋にヒマワリ油とニンジンを入れ沸騰させ、ニンジンの色が油に出たら漉しておく。

8. **6**に**7**のニンジンオイルと酢を加えて仕上げる。

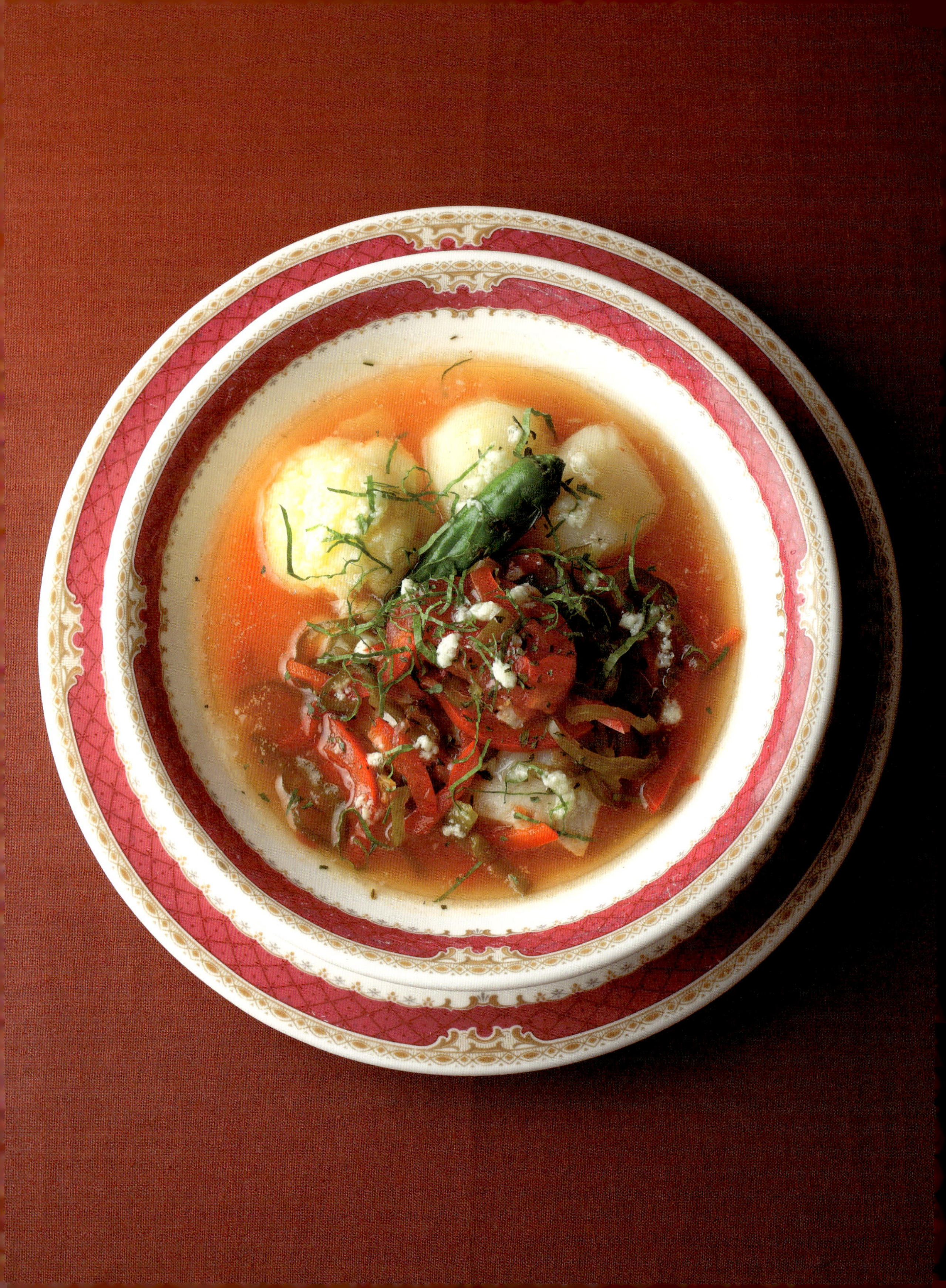

ナマズのサラムラ ガーリック仕立て

Saramură de somn

ルーマニアでは、ナマズやコイなど川魚を好んで食べる。サラムラは、ママリガというトウモロコシ粉を練った付け合わせと食べるメインディッシュ的な1品だ。

ルーマニア独特のハーブ。タイムのような香りのチンブル（右）と、セロリに似たレウシュテアン（左）。

材料 4人分

ナマズ … 40g×8枚
赤パプリカ … 1/4個
ピーマン … 1/2個
トマト … 1/4個
鷹の爪 … 少々
パプリカ粉 … 小さじ1/3
魚のブイヨン … 150ml
水 … 200ml
チンブル … 1つまみ
酢 … 小さじ1/2
岩塩 … 適量

付け合わせ
- ジャガイモ … 2個
- シシトウガラシ … 4本
- セロリの葉 … 適量
- ムジデイ (p.167) … 適量

ママリガ
- トウモロコシ粉 … 100g
- バター … 大さじ1
- オリーブ油 … 小さじ2
- 牛乳 … 少量
- 湯 … 1000ml
- パルミジャーノチーズ … 適量

1. ナマズを焼く。鉄板またはフライパンに岩塩を敷きつめ、火にかける。岩塩が熱くなったらナマズを置き、両面をしっかり焼く。焼き終えたら水で表面の塩を軽く洗い流す。

2. 赤パプリカとピーマンは千切りに、トマトは湯むきしてみじん切りにする。スープの材料全てを鍋に入れ、沸騰してから5分ほど煮る。

3. ママリガを作る。バター、オリーブ油、牛乳、湯を鍋に入れ火にかけ、撹拌しながらトウモロコシ粉を加える。20分ほど煮たらパルミジャーノチーズをすりおろす。

4. 付け合わせを作る。ジャガイモは茹でて皮をむき、シシトウガラシは軽く焼く。セロリの葉は千切りにする。ムジデイはオリーブ油と合わせ、ニンニク油を作っておく。

5. 器にママリガ、ジャガイモ、ナマズを盛りつけ、スープを注ぎ、ムジデイをかけ、付け合わせをその上にのせる。

魚のブイヨン

タイやスズキの骨と、タマネギ、ニンジン、セロリ、ニンニクと水を鍋に入れ火にかけ、沸騰後15分ほど煮て、布漉しする。

白インゲン豆のチョルバ
Ciorbă de fasole albă

ホテルやレストランなどで出される
上品な味の、白インゲン豆スープ。
2番だしのコンソメをベースに入れると
より立体的な味わいに。

材料 4人分

白インゲン豆（乾燥）… 160g
A
　タマネギ … 1/2個
　ニンジン … 1/2本
　セロリ … 1/3本
　ニンニク … 1かけ
　ローリエ … 1枚
　塩 … 1つまみ

コンソメ（2番だし）… 1000ml
タマネギ（みじん切り）… 1/6個
ニンジン … 1/2本
セロリ … 2/3本
ベーコン … 80g
ヒマワリ油 … 30ml
薄力粉 … 小さじ1
トマトペースト … 小さじ1
エストラゴン（みじん切り）… 小さじ1
トマト … 1/2個
酢 … 30ml
塩、こしょう … 適量
パセリ（みじん切り）… 適量

1. 水で一晩かけて戻した白インゲン豆を多めの水とAで煮込む。柔らかくなったら豆を取りだし、煮汁を布漉しする。

2. 鍋にヒマワリ油をしき、タマネギ、粗みじん切りにしたベーコン、ニンジン、セロリを入れて炒める。

3. 薄力粉、トマトペーストを加えて、粉っぽさがなくなるまでさらに炒めたら、コンソメと1の煮汁500mlを加えて煮る。

4. 野菜が柔らかくなったらエストラゴンと酢を加える。トマトは湯むきして7mm角に切ってから鍋に加える。

5. 最後に白インゲン豆を加え、塩、コショウで味を調える。器に盛りパセリで飾る。

肉団子入りチョルバ
Ciorbă de perișoare

「チョルバ・デ・ペリショアーレ（Ciorbă de perișoare）」も
ルーマニアで一般的なスープだ。
レウシュテアン（leuștean）というセロリに似た
ルーマニアのハーブは
肉を使ったスープ料理には欠かせない。

材料 4人分

肉団子
- 豚ひき肉 … 120g
- 牛ひき肉 … 60g
- タマネギ … 1/2 個
- ニンジン … 1/3 本
- セロリ … 1/3 本
- ニンニク（すりおろし）… 1/5 かけ
- コンソメ（ブイヨンでもよい）… 150ml
- ローリエ … 1 枚
- レウシュテアン（乾燥）… 1 つまみ
- 黒粒コショウ … 5 粒
- 塩 … 1 つまみ

スープの具
- タマネギ … 1/10 個
- ニンジン … 1/3 本
- セロリ … 1/2 本
- 赤パプリカ … 1/3 個
- ピーマン … 1 個
- トマト水煮 … 120g
- ヒマワリ油 … 30ml
- レウシュテアン … 少々
- パプリカ粉 … 小さじ 1
- トマトペースト … 小さじ 1
- レモン汁 … 少々

1. 肉団子を作る。野菜はざく切りにし、黒コショウを砕く。すべての材料を合わせてしっかり練り、25gの団子状に丸める。鍋に湯（分量外）を沸かせて肉団子を茹でたら、茹で汁を布漉ししてスープのベースにする。

2. スープを作る。タマネギはみじん切りに、ニンジン、セロリ、赤パプリカ、ピーマン、トマト水煮は7mm角に切る。

3. 鍋にヒマワリ油を敷き、タマネギ、ニンジン、セロリを軽く炒めたら、パプリカ、ピーマンを加える。しんなりしたら、パプリカパウダー、トマトペーストとトマト水煮、1の茹で汁1200mlを加え、ひと煮立ちさせる。

4. 3に肉団子を加え、レモン汁、塩、コショウで味を整える。器に盛り付け、レウシュテアン（分量外）をふりかける。

豚肉のサワークリーム チョルバ　Ciorbă țaranească cu carne de porc

メイン料理として食べられるスープ料理。
ルーマニアは肉料理が豊富で中でも豚肉はよく食べられる。
すりおろしニンニク(ムジデイ)をつけて食べてもおいしい。

材料 4人分

豚バラ肉 … 320g

タマネギ … 1/6 個
ニンジン … 1/3 本
セロリ … 1/2 本
ヒマワリ油 … 30ml

A
- タマネギ … 1/2 個
- ニンジン 1/3 本
- セロリ … 1/3 本
- ニンニク … 1かけ
- ローリエ … 1枚
- 黒粒コショウ … 5粒
- 水 … 1500ml
- 塩 … 1つまみ
- ディルの茎 … 適量
- パセリの茎 … 適量

B
- サワークリーム … 40g
- 卵黄 … 1個
- ムジデイ … 小さじ2
- 薄力粉 … 15g
- 黒コショウ … 適量
- ディル(みじん切り) … 適量

レモン汁 … 1/3個分

1 豚バラ肉はタコ糸で縛り、**A**の材料すべてと鍋に入れる。肉が柔らかくなるまで2〜3時間ほど弱火で煮る。豚肉は取り出し、スープは布漉しする。

2 タマネギはみじん切りに、ニンジンとセロリは5mm角に切る。鍋にヒマワリ油を入れ、タマネギを炒め、ニンジンとセロリを加えてさらに炒める。

3 **1**のスープ 1200ml を加え、野菜が柔らかくなるまで弱火で煮る。

4 **B**をボウルで混ぜ、スープを少量ずつ加え、撹拌しつつ混ぜる。ある程度混じったら、鍋に戻し、ダマにならないようヘラで混ぜながら煮る。

5 豚肉を取り出して8等分し、鍋に戻す。塩、コショウで味を調えレモン汁を加える。肉を器に盛り、スープを注ぎ、上にディル(分量外)を飾る。

牛肉と野菜の田舎風 チョルバ
Ciorbă de vacuța țaranească

ヴァクーツァ(牛肉)のスープも一般的な家庭でよく作られる。
牛肉の茹で汁をベースに、トマトとパプリカ粉で煮こんだ。
田舎風なので、
野菜を大き目に切り素朴な風情を出している。

材料 4人分

牛バラ肉 … 200g

A
- タマネギ … 1/2 個
- ニンジン … 1/3 個
- セロリ … 1/3 個
- ニンニク … 1 かけ
- 黒粒コショウ … 5 粒
- ローリエ … 1 枚
- レウシュテアン … 1 つまみ
- コンソメ(2番だし) … 150ml
- 水 … 1500ml
- 塩 … 1 つまみ

ヒマワリ油 … 30ml
タマネギ(みじん切り) … 1/6 個
赤パプリカ … 1/3 個
ピーマン … 1 個
ニンジン … 1/4 個
セロリ … 1/2 個
キャベツ … 2 枚
ジャガイモ … 1/2 個
トマト水煮(1cm角に切る) … 120g
パプリカパウダー … 小さじ 1
トマトペースト … 小さじ 1
レモン汁 … 1/3 個分
塩、黒コショウ … 適量

1 牛バラ肉をタコ糸で縛り、**A**の材料すべてと鍋に入れる。肉が柔らかくなるまで2〜3時間ほど弱火で煮る。牛肉は取り出し、スープは布漉しする。

2 牛肉は1cm角に、野菜は2cm角に切る。鍋にヒマワリ油を入れ、タマネギを炒める。甘みがでたら他の野菜を加え、パプリカパウダーを加えて軽く炒める。

3 **1**のスープ1200mlを加え、沸騰したらトマト水煮を足してさらに20分ほど煮る。

4 牛肉を加え、トマトペースト、塩、コショウで味を調え、レモン汁を加える。器に盛り付けたらサワークリーム(分量外)とレウシュテアン(分量外)をのせる。

サヤインゲン豆の
サワークリーム チョルバ
Ciorbă de fasole verde

年間を通して食べられるスープだが
特に初夏、5～6月によく食べられている。
サワークリーム（スムントゥナ）や
ディルの爽やかな香りがアクセントになった
優しい味のスープだ。

材料 4人分
サヤインゲン豆 … 300g
タマネギ（みじん切り）… 大さじ1
セロリ … 1/2本
ニンジン 1/3本
ヒマワリ油 … 30ml
ローリエ … 1枚
コンソメ … 200ml
（ブイヨンでも可）
水 … 1000ml
塩 … 1つまみ

A
サワークリーム … 40g
卵黄 … 1個分
ムジデイ … 小さじ1
ディル（みじん切り）… 1つまみ
薄力粉 … 15g

塩、黒コショウ … 適量
レモン汁 … 1/3個分
サワークリーム（トッピング用）… 適量
ディル（トッピング用、みじん切り）… 適量

1 サヤインゲンを塩もみし、湯通しして2cm長さに切る。セロリ、ニンジンは5mm角に切る。

2 ヒマワリ油でタマネギ、セロリ、ニンジンを炒める。コンソメと水、ローリエを加えて煮る。

3 野菜が柔らかくなったらサヤインゲンを入れ、5分間煮立たせる。

4 **A**をボウルに入れ、撹拌をしながら**3**のスープを加える。

5 スープを半分ほど加えてボウルの中身がなじんだら、今後は鍋に戻して、塩とコショウで味を調え、レモン汁を絞る。器に入れたら、サワークリームとディルをのせる。

キャベツのチョルバ　Ciorbă de varză

ルーマニアの代表料理のひとつは
発酵キャベツで豚ひき肉を巻いた
サルマーレ（ロールキャベツ）。
キャベツは乳酸発酵して保存されることもあり
このキャベツのスープはそれを使った1品だ。

材料 4人分
乳酸発酵させたキャベツ … 1/6個分
牛バラ肉（スライス）… 100g
タマネギ … 1/2個
トマト … 1/2個
コンソメ（2番だし）… 200ml
水 … 800ml
ヒマワリ油 … 30ml
ローリエ … 1枚
レモン汁 … 適量
パセリ（みじん切り）… 適量

1　キャベツ漬けを作る。キャベツの芯をくり抜き、黒コショウ、ディル、洋ワサビを詰めて、5％濃度（夏場は強めに）の食塩水に漬け、密閉容器に入れて15℃前後の場所で保管する。1週間は蓋をしたままそのまま置き、その後は3日に1回はかき混ぜる。使うときは短冊切りにし30分ほど水にさらし、塩抜きをする。

2　タマネギを千切りにし、ヒマワリ油で炒める。甘みが出てきたら牛バラ肉を加え、さらにしっかり炒める。

3　キャベツ漬け（塩抜き済み）の水気を絞って加える。ひと炒めしたらコンソメとローリエを加え、ひたひたになるまで水を足す。

4　水を足しながら、具がひたひたになっている状態で、キャベツがとろとろに柔らかくなるまで煮る。途中で味を見て、塩気が足りなかったら塩（分量外）を足す。

5　トマトは湯むきし7mm角に切る。最後にトマトとレモン汁を加えて火を止め、器に盛りパセリを散らす。

リンゴのスープ
Supă de mere

デザートではなく、前菜として食べるスープ。
冬は温めて、夏は冷やすとおいしい。
ミキサーにかけて
ポタージュ状にして食べてもいい。

材料 4人分
リンゴ(紅玉)…3個
レモンの皮…1/2個分
クローブ…6本
シナモンスティック…1本
グラニュー糖…18g　塩…1つまみ
水…1000ml　白ワイン…30ml

A
　生クリーム…70ml
　サワークリーム…100g
　薄力粉…10g　卵黄…1個

レモン汁…1/8個分　ミントの葉…適量

1　リンゴは皮をむき、芯をとり、一口大に切る。レモンの皮、クローブ、シナモンスティックはお茶パックなどで包む。

2　鍋に1とグラニュー糖、塩、水、白ワインを入れ火にかける。沸騰したら15〜20分間弱火で煮る。

3　ボウルにAの材料を入れ、ホイッパーでポマード状になるまで混ぜる。2を少しずつ加えて混ぜる。半分程度入れたら、今度はボウルの材料を鍋に戻し、合わせながら軽く煮る。

4　火を止めてレモン汁を加え、味を整える。器に盛り、ミントの葉を散らす。

キュウリとヨーグルト入りの冷製スープ
Supă rece cu iaurt şi castraveţi

隣国ブルガリアの代表的なスープ。
キュウリの青臭さが、
ヨーグルトとディルの香りで消され
夏にふさわしい爽やかな1品になっている。
キュウリとヨーグルトの組み合わせは
トルコの「ジャジック」という
サラダにも見られる。

1. キュウリはタネを取り除き5mm角に切る。クルミは粗みじん切りに、ディルはみじん切り、ニンニクは細みじん切りにする。
2. ボウルにキュウリ、塩、EXVオリーブ油を入れて軽く混ぜる。
3. ヨーグルト、クルミ、ディル、ニンニク、水を加え、塩で味を調える。盛りつけたら、EXVオリーブ油（分量外）をひとたらしする。

材料 4人分

キュウリ … 4本
ヨーグルト … 600g
EXVオリーブ油 … 300ml
クルミ … 20g
ディル … 18g
ニンニク … 10g
塩 … 14g
水 … 350ml

トルコ

Turkey

13世紀から600年もの間存続したオスマン帝国。
羊肉や乳製品を多用する遊牧民文化、
豚肉を禁じるイスラーム文化、
そしてオリーブ油やズッキーニといった地中海特有の食材など、
トルコは領土拡大に従って多くの食文化が融合した。
その歴史を踏まえ、
日常のトルコ料理のほか、宮廷のスープ料理も紹介する。

ブルガズ・アダ
p.180 – 191

Column
東欧のスープ 2
p.208 – 209

トルコのスープ（ブイヨン）
p.215

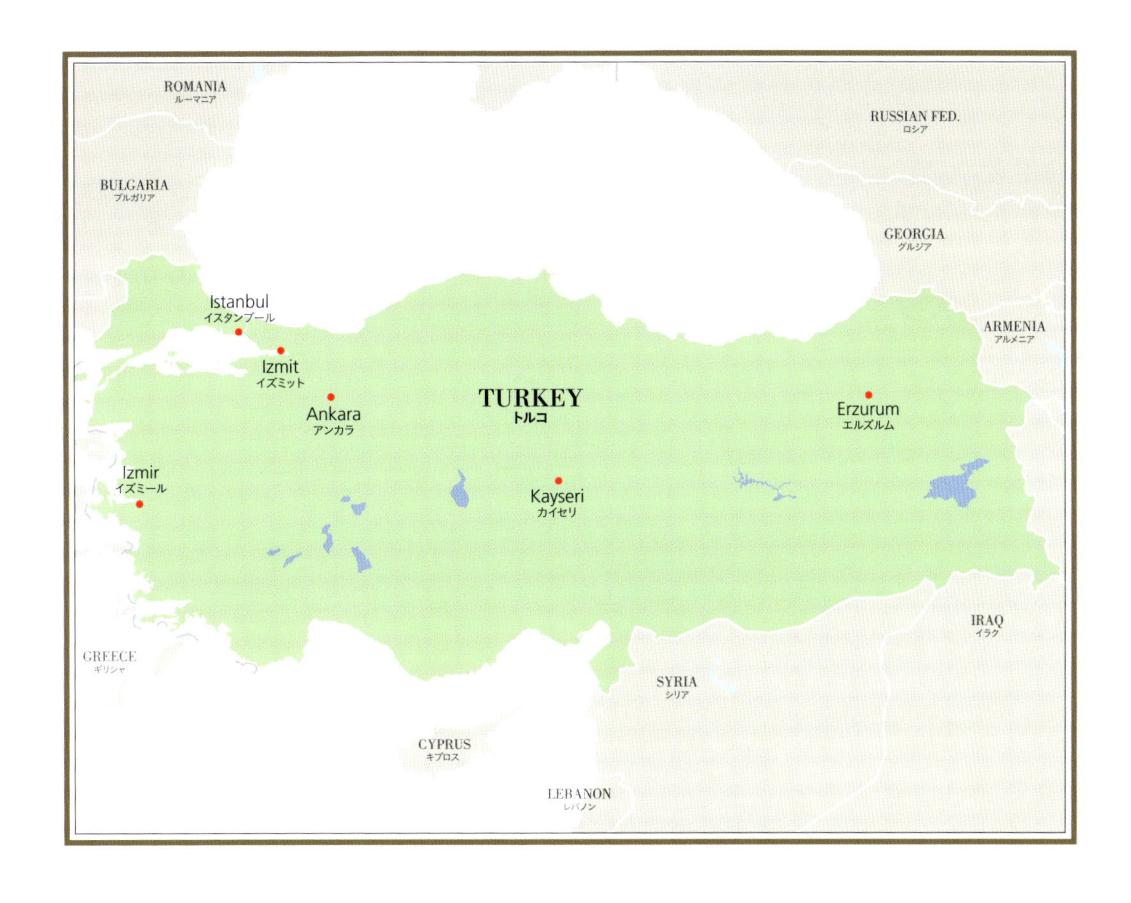

ROMANIA	ルーマニア
BULGARIA	ブルガリア
RUSSIAN FED.	ロシア
GEORGIA	グルジア
ARMENIA	アルメニア
Istanbul	イスタンブール
Izmit	イズミット
Ankara	アンカラ
TURKEY	トルコ
Erzurum	エルズルム
Izmir	イズミール
Kayseri	カイセリ
GREECE	ギリシャ
IRAQ	イラク
SYRIA	シリア
CYPRUS	キプロス
LEBANON	レバノン

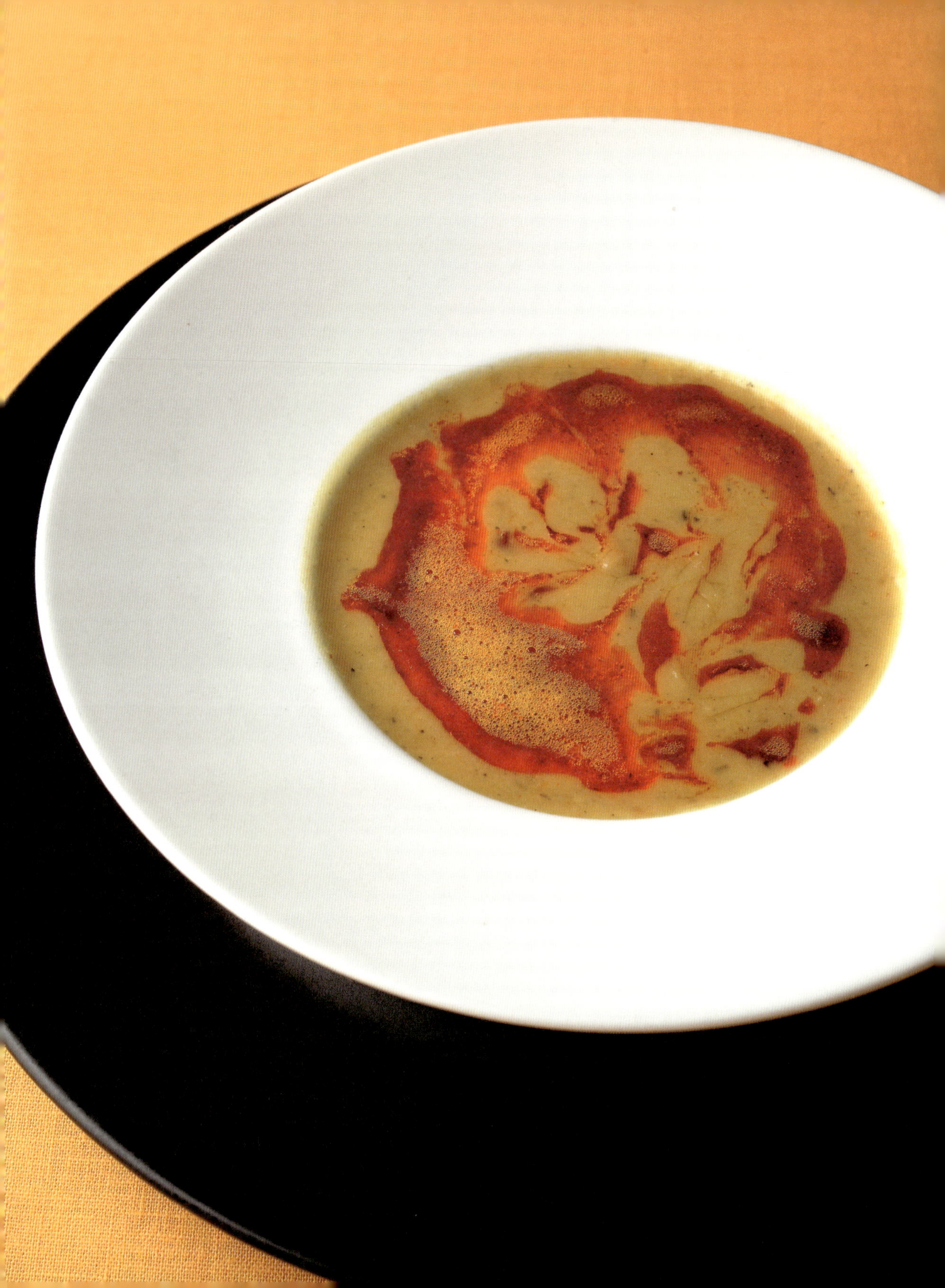

レンズ豆のスープ
Mercimek Çorbası

トルコの代表的なスープ。
「メルジュメッキ(Mercimek)」はレンズ豆、
「チョルバス(Çorbası)」はスープの意味だ。
家庭ではもちろん、
大衆食堂(ロカンタス)でも
朝からこうしたスープが飲まれている。

材料 4人分
レンズ豆 … 200g
タマネギ … 中1個
ニンジン … 中1本
ジャガイモ … 1個
バター … 100g
鶏ガラスープ … 1000ml
生クリーム … 200ml
パプリカパウダー … 大さじ1
塩、コショウ … 適量

1 フライパンにバター70gを溶かし、みじん切りにしたタマネギとレンズ豆を入れ、弱火で10分間炒める。

2 すりおろしたニンジンとジャガイモ、鶏ガラスープを1に加え、蓋をして弱火で40分間煮込む。

3 生クリームを加え、塩、コショウで控えめに下味をつけ、さらに10分間煮込む。仕上げに塩、コショウで味を調える。

4 パプリカオイルを作る。フライパンにバター30gを溶かし、パプリカパウダーを加えて混ぜ、泡が立ったら火を止める。この半量を3に加えてよく混ぜ、残り半量はスープを器に盛ってから、上にかける。

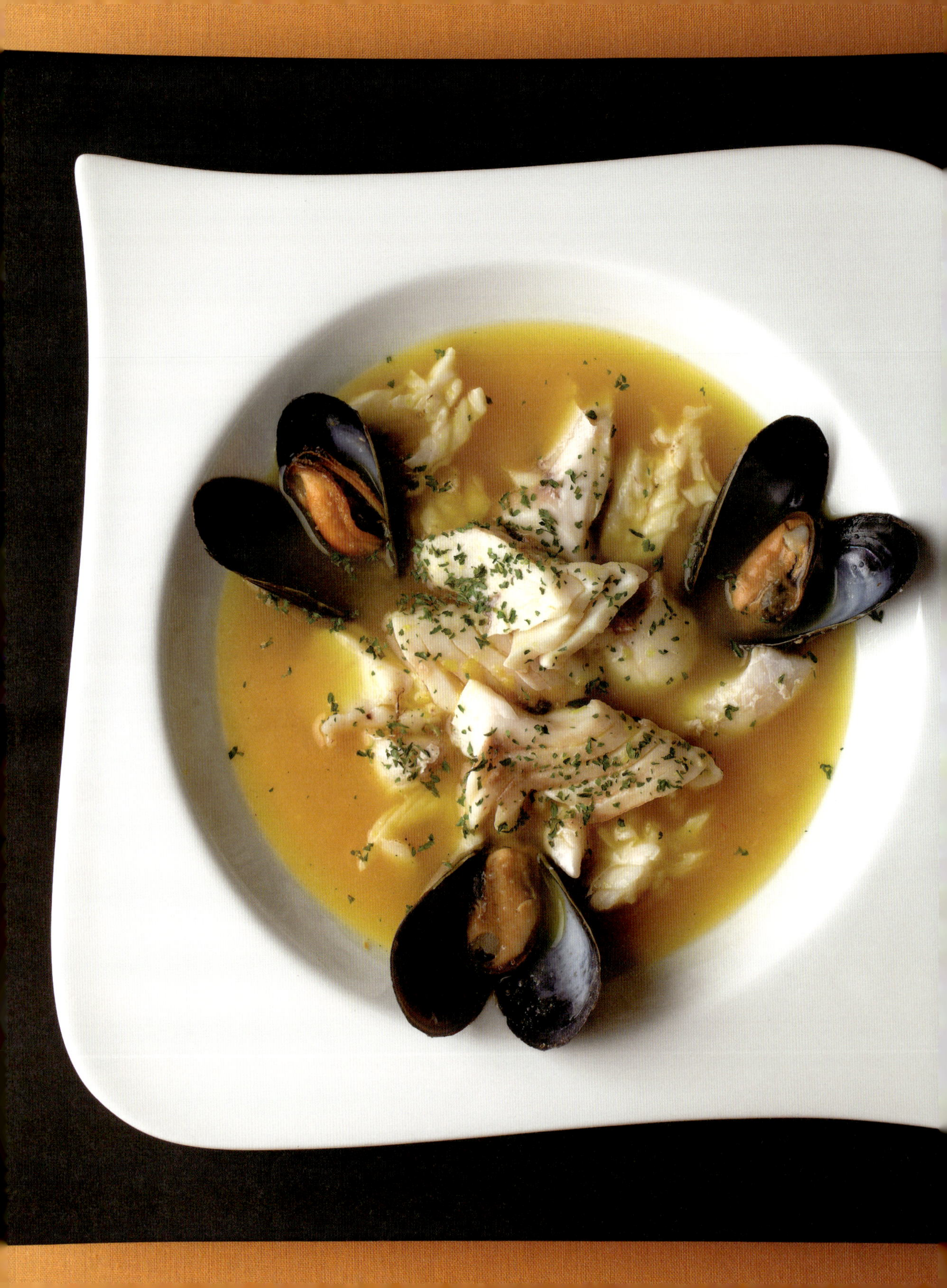

ムール貝の入ったカサゴのスープ

Midyeli Balık Çorbası

トルコではイスタンブル、エーゲ海、
地中海、黒海沿岸地域でよく魚を食べる。
セグロイワシのほか
カツオやホウボウ、カサゴなど多種類の魚が食べられる。
スープの魚介の旨みを引き立てるのは
サフランの香りだ。

材料 4人分

カサゴ … 500g (2尾)
ムール貝 … 12個
タマネギ … 中1個
ニンニク … 2かけ
魚介スープ … 1000ml
白ワイン … 100ml
オリーブ油 … 50ml
海塩 … 適量
白コショウ … 適量

A
| 卵黄 … 1個
| レモン汁 … 小さじ1
| コーンスターチ … 大さじ1

B
| サフラン … 0.5g
| ワインビネガー … 小さじ1
| 湯 … 50ml

パセリ(乾燥) … 大さじ1

1 鍋にオリーブ油を温め、みじん切りにしたタマネギを20分間炒める。

2 カサゴはウロコと内臓を取り除く。魚介スープとカサゴを**1**に加え、中火で10分間煮込む。その後、カサゴを鍋から取り出し、少し冷ましたら骨から身を剥がしておく。

3 ボウルに**A**を入れて混ぜ、**2**のスープを撹拌しながら少しずつ加える。ダマにならないよう溶かしたら、海塩、白コショウで味付けする。スープは漉す。

4 カサゴの身とスープを鍋に戻し、蓋をして10分間煮込む。

5 キャセロールにニンニク、白ワイン、殻をそうじしたムール貝と、塩、白コショウ少々を入れ、蓋をして強火にかけ、2分ほど蒸す。

6 ボウルに**B**を入れ10分間ほど置き、色と香りを抽出する。

7 **5**のキャセロールからムール貝を取り出して**4**の鍋に入れ、残りの蒸し汁もフィルターで漉して鍋に加える。ここで火を止め、**6**を加え、蓋をして5分間置き、味をなじませたら塩、コショウで味を調える。器に盛り、パセリを散らす。

ショートパスタ"シェヒリエ"とチキンのスープ
Şehriyeli Tavuk Çorbası

鶏のだしがきいた、とろみのないスープ。
シュヒリエとは、極細のショートパスタのこと。
トルコではスープに入れるほか
米と一緒に炊いて
「ピラウ」というバターライス(ピラフ)にする。

材料 4人分
鶏モモ肉 … 400g
タマネギ … 中1個
シェヒリエ … 100g
タラゴン … 少々
鶏ガラスープ … 1000ml
オリーブ油 … 50ml
バター … 20g
塩、白コショウ … 適量

1 鍋にオリーブ油を入れ、みじん切りにしたタマネギを20分ほど炒める。

2 鶏モモ肉は皮を剥いで1cm角に切る。タラゴンは細かく刻む。これらを1に加え、白コショウをふり、さらに10分間炒めたら、鶏ガラスープを加えて中火で30分間煮込む。

3 フライパンにバターを溶かし、シェヒリエを入れ、きつね色になるまで炒める。

4 2の鍋に3を加え、さらに10分間煮こむ。最後に塩、白コショウで味を調える。

トルコのパスタ。左が極細の「テル・シェヒリエ」、右が米粒状の「アルパ・シェヒリエ」。

アーモンドのスープ
Badem Çorbası

オスマントルコ帝国時代の
宮廷料理の1品。
14世紀ごろから
食べられていたものと言われている。
ナツメグが上品に香るスープだ。

材料 4人分
アーモンド … 300g
(アーモンドパウダーでも代用可)
バター … 100g
小麦粉 … 大さじ山盛り1
ナツメグパウダー … 3g
鶏ガラスープ … 1000ml
生クリーム … 100ml
牛乳 … 100ml
塩 … 適量
白コショウ … 3g
アーモンドスライス(トッピング用) … 適量

1 アーモンドを沸騰した湯に5分間漬けてから氷水に入れ、水の中で皮をむく。これをブレンダーにかけパウダー状にする。

2 鍋にバターを入れ、溶けたら小麦粉、1、ナツメグを加え、きつね色になるまで炒める。

3 鶏ガラスープは冷たいまま2に加えて混ぜる。塩、白コショウで控えめに下味をつけ、中火で20分ほど煮込む。

4 生クリームと牛乳を加えてさらに10分間煮こみ、最後に塩、白コショウで味を調える。アーモンドスライスはオーブンできつね色に焼き、スープの上にのせる。

仔羊の足のスープ
Paça Çorbası

羊はトルコ料理には欠かせない。
羊の頭肉や内臓、
足を使ったスープ専門店もあり
朝食に大人気だ。
二日酔いにも効くと言われている。

1 鍋に水1ℓ（分量外）を沸騰させ、骨付きの仔羊スネ肉、ニンニク2かけ、ワインビネガーを入れ、蓋をして中火で45分間煮る。

2 骨付き肉を取り出す。

3 別の鍋に鶏ガラスープ、すりおろしたニンニク1かけ、タマネギを入れて火にかけ、塩、コショウをして煮立ったら2の肉を加え、蓋をして45分間煮込む。

4 最後に塩、白コショウで味を調える。

材料 4〜6人分
仔羊スネ肉（骨付き）… 500g（5〜6本）
タマネギ … 中2個
ニンニク … 3かけ
ワインビネガー … 50ml
鶏ガラスープ … 1000ml
塩、白コショウ … 適量

乾燥させた野菜のスープ
Kuru Sebze Çorbası

トルコの市場には、
干し野菜のミックスが売っている。
パプリカ、ナス、ピーマン、ニンニクなどを
スライスして干したものだ。
乾燥して甘みを増した干し野菜を
とろみのついたスープにした。

1. 鍋に鶏ガラスープを入れ、90℃程度に温め、乾燥野菜のミックスを加えて20分間煮込む。
2. バターを加え、塩、コショウで薄めに下味をつける。
3. 少量の水（分量外）でコーンスターチを溶かし、鍋に加え、さらに5分間煮込む。
4. 最後に塩、コショウで味を調える。

材料 4人分
乾燥野菜のミックス … 200g
鶏ガラスープ … 1000ml
バター … 50g
コーンスターチ … 大さじ1
塩、コショウ … 適量

干し野菜のミックス。トルコには干し野菜やドライフルーツが数多くある。ナスやピーマンは中身をくりぬいて干し、ドルマ（米や肉を詰める料理）に使うこともある。

トルコ ｜ ブルガズ・アダ

ヒヨコ豆と
ミートボールのスープ
Nohutlu Köfte Çorbası

「キョフテ(köfte)」とはひき肉の団子やハンバーグ状のもののこと。トルコのミートボールは牛ひき肉のほか羊ひき肉を使うことも多い。クミンやナツメグのスパイスが効いたトマトスープだ。

材料 4人分

A
- 牛ひき肉(羊ひき肉をブレンドしてもよい)… 500g
- 卵 … 1個
- タマネギ … 中1個
- ニンニク … 1かけ
- クミンパウダー … 小さじ1/2
- ナツメグパウダー … 小さじ1/2
- パプリカパウダー … 小さじ1/2
- イタリアンパセリ(みじん切り) … 大さじ1

- トマト(みじん切り) … 1個
- ヒヨコ豆(水煮) … 200g
- オリーブ油 … 適量
- 鶏ガラスープ … 500ml
- 塩、コショウ … 適量

1. 肉団子を作る。タマネギ1/2個、ニンニクをすりおろし、Aの残りすべての材料、塩、コショウを合わせてよく混ぜる。ラップをかけて30分間冷蔵庫で寝かせる。

2. 残りのタマネギをみじん切りにする。鍋にオリーブ油をしき、タマネギをきつね色になるまで中火で炒める。

3. トマト、ヒヨコ豆、鶏ガラスープを2に加え、中火で煮こむ。

4. 1を冷蔵庫から出し、直径2cmのボール状に丸め、3が煮立ったところに加えてさらに中火で20分ほど煮込む。最後に塩、コショウで味を調える。

ズッキーニの冷製スープ
Soğuk Kabak Çorbası

トルコの市場には
トマト、タマネギ、ナス、ピーマンといった
新鮮な野菜が山盛りで売られている。
ズッキーニも人気の野菜のひとつ。
たっぷりとズッキーニを使うこのスープには
ディルの香りがよく合う。

材料 4人分
- ズッキーニ … 4本
- タマネギ … 中1個
- ニンニク … 2かけ
- ディル … 50g
- 鶏ガラスープ … 1000ml
- オリーブ油 … 50ml
- 卵黄 … 1個
- コーンスターチ … 10g
- 塩、白コショウ … 適量

1. 鍋にオリーブ油を温め、みじん切りにしたタマネギとニンニクを10分間炒める。
2. ズッキーニは1.5cm厚さに輪切り（または半月切り）し、ディルはみじん切りにして1に加え、鶏ガラスープを足して15分ほど煮込む。
3. ボウルで卵黄、コーンスターチ、少量の水（分量外）を混ぜ、2に加えてさらに5分間煮る。
4. 塩、白コショウで味を調えたら、氷水を入れたボウルの中に鍋を入れて冷ます。冷えたら器に盛り、仕上げにディル（分量外）を飾る。

クル・アシュ
Kul aşı

オスマントルコ軍の野営の際の料理。この料理がトルコ軍の攻め入ったハンガリーに伝わって「グヤーシュ」の語源になったとも言われている。

材料 4人分
仔牛フィレ肉 … 300g
タマネギ … 大1個
赤パプリカ … 2個
ニンジン … 中1本
新ジャガイモ(小) … 150g
パプリカパウダー … 大さじ山盛り1
鶏ガラスープ … 1000ml
オリーブ油 … 50ml
オレガノ … 10g
塩、白コショウ … 適量

1 鍋にオリーブ油を温め、みじん切りにしたタマネギを炒める。きつね色になったら2cm角に切った仔牛フィレ肉を加え、強火で10分間炒める。

2 2cm角に切った赤パプリカ、ニンジン、半分に切った新ジャガイモと鶏ガラスープを加え、パプリカパウダー、オレガノ、白コショウも加える。蓋をして40分ほど中火で煮こむ。

3 オレガノを取り出し、塩で味を調える。

ゼルデ
Zerde

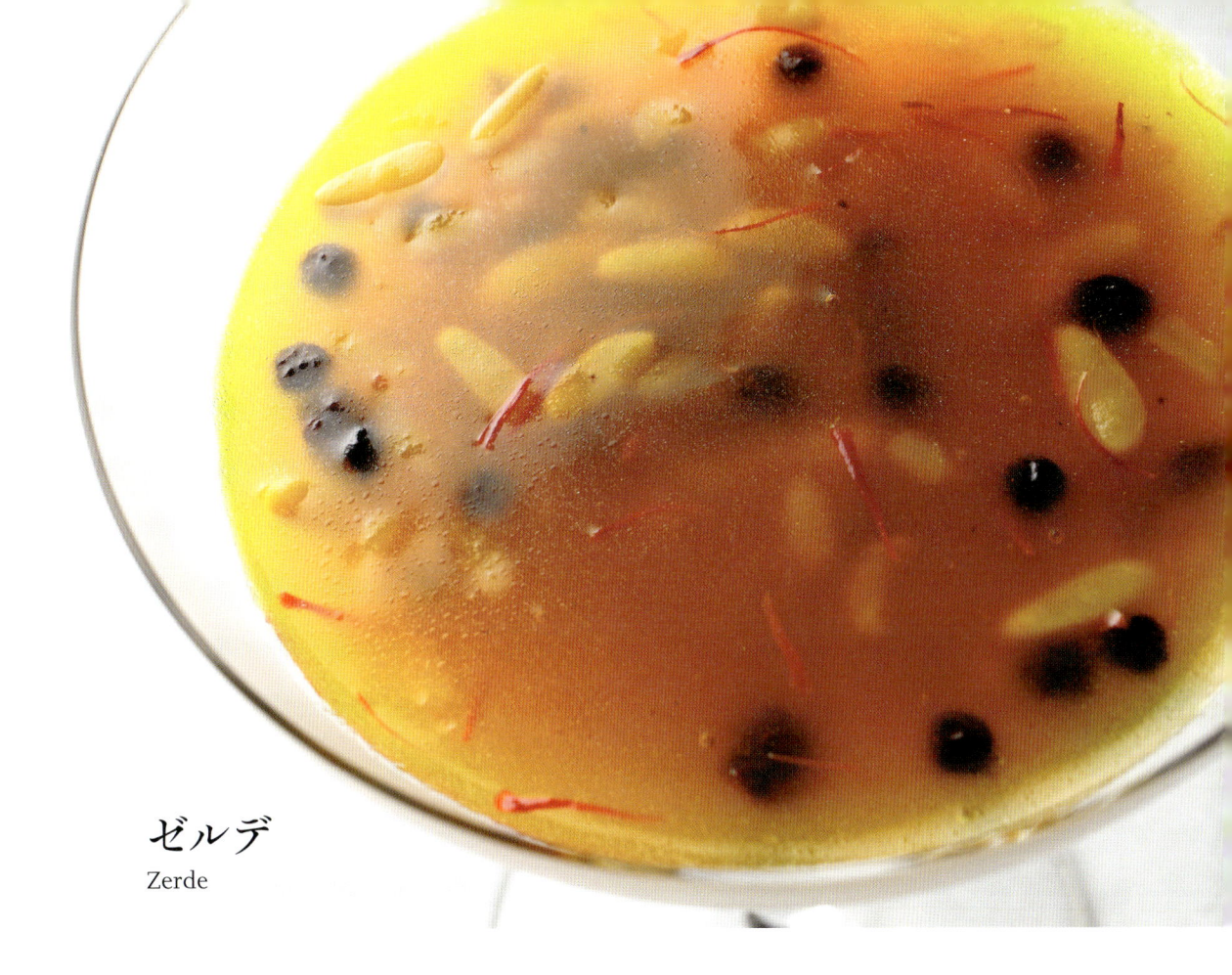

松の実、干しブドウ、米が入った
サフランの香りのデザートスープ。
オスマン帝国初期の15世紀より
宮廷で愛された甘味で
今日では結婚式など祝いの席で
出されることがある。

材料 4人分
米 … 100g
松の実 … 100g
ザンテカレンツレーズン … 100g
サフラン … 2g
グラニュー糖 … 250g
バター … 25g
レモン汁 … 1/2個分
水 … 500ml
コーンスターチ … 20g
塩 … 少々

1 鍋に水（分量外）を沸騰させ、米を10分間茹でたら、フィルターで漉して水を切っておく。

2 別の鍋にバターと松の実を入れ、きつね色になるまで炒めたら、水洗いしたザンテカレンツレーズン、米、サフラン、グラニュー糖、レモン汁、水、塩を加え、蓋をして中火で15分間煮込む。

3 コーンスターチを少量の水（分量外）で溶かし、2にゆっくり流し入れて5分間、中火で煮る。

4 人数分の器に注ぎ分け、余熱をとり、冷蔵庫で冷やす。
（冷やしすぎない）

トルコ ｜ ブルガズ・アダ

Column

東欧のスープ 1

スープの「とろみ」、
そしてスープに入れるパスタについて

On thicking, and on pasta in soup

スープのとろみ

　中央ヨーロッパから東欧のスープ料理に共通する特徴として、「とろみ」のついたスープが多いという点が挙げられる。

　ハンガリーの最高級レストランとして名高い「グンデル」の主人が著した『ハンガリー料理』では、料理のこつのひとつは「とろみづけ」とし、こう記した。

「ハンガリー料理では水が蒸発する前にとろみを使うため、ビタミンは煮ても壊れずに残ります。そのとろみはあまり熱くないラード、又はバターに小麦粉を入れ、トロッとするまでかき混ぜて作ります」*1

　グンデル氏によると、とろみづけには下記の3種類が挙げられるという。

1 | 熱したラードまたはバターで、小麦粉を瞬間的に炒めるもの。白色をしている。
2 | 熱したラードまたはバターで、小麦粉を数分間炒めるもの。バラ色をしている。
3 | 温めたラードまたはバターに小麦粉と砂糖を入れ、長い時間炒めるもの。茶色になる。

　これらに冷たい水、骨のスープ、または牛乳を入れて、なめらかになるまで書き混ぜる。この時点で、パプリカなど香辛料を入れることもある。

　ところで、ハンガリー出身のラーツ・ゲルゴーシェフ（アズ・フィノム p.152〜 163）によると、とろみづけの方法は他にもあり、それぞれの手法に固有の調理名がついているという。それは下記の4種類である。

❶ 小麦粉をスープに加える
▶ シューリーテーシュ（sűrítés）
スープに直接小麦粉を加える。煮詰めて濃縮する（compression）イメージだという。

❷ 油（ラード）で小麦粉を炒め、ルーにしてスープに加える
▶ ラーンターシュ（rántás）
いわゆるルーの作り方。これがグンデル氏により、さらに3種類に細分化されていると考えられる。ヨーカイ豆のスープ（p.158）やレンズ豆のスープ（p.159）など。

❸ サワークリームか生クリームと小麦粉を合わせ、それをスープに加える
▶ ハバラーシュ（habarás）
サワーチェリーのスープ（p.154）や、パロ―ツ・スープ（p.156）など。

❹ サワークリームや生クリームなどの乳製品を加える
▶ ドゥーシターシュ（dúsítás）
とろみをつけるというよりも、コクをだす（enrichment）というイメージが近い。

　なかでも特徴的なのは、ハバラーシュ（❸）というとろみのつけかただ。ラーンターシュ（❷）に比べ、軽く優しいとろみになるのが特徴とい

チペトケ 　　　　　　　ガルシュカ 　　　　　　ダンプリング 　　　　シュワーベン地方風に使われる
　　　　　　　　　　　　　　　　　　　　　　　　　　　　　　パスタ（ドイツ）

う。ルーマニアのスープ料理を見てみると、ハバラーシュ（❸）にあたる手法を多用していることが分かる。

スープの具としてのパスタ

ハンガリーには、スープの具として作られるパスタがいくつかある。とろみがついて、腹もちがよいため、スープに入れると一皿で満足できるボリューム感がでる。

パスタの材料は小麦粉、卵、水、塩。生地の大きさや硬さ、形状によって使い道が異なる。またバターなどを練り込むこともある。

主要なものは以下である。

● **チペトケ** (p.158, p.161)

米粒状でやや乾燥した、硬めの生地。グヤーシュに入れる人も。生地をそのまま入れるので、スープにとろみもつく。

● **ガルシュカ**

すいとん様のねばねばした生地。直径1cm程度の穴が複数空いている専用の器具から、沸騰した湯に生地を流し入れて茹でる。板の上に生地をのせ、ナイフで削ぎ切りしながら鍋に落としていくやり方もある。ガルシュカはスープの具のほか、メイン料理の付け合わせなどにも使われる。

● **ダンプリング** (p.160)

ハンガリーでは「ゴンボーツ」と呼ばれる、ジャガイモの入った団子。ニョッキと似ているが、ソースをかけて食べたりはせず、あくまでスープの具として作られる。丸めたダンプリングは一度茹でてからスープに入れる。ダンプリングに砂糖やシナモンを加えて、ジャムやサワークリームを添えたデザートにすることもある。

こうした手作りパスタの伝統は、イタリア北部（トレンティーノ＝アルト・ディジェ州の「カネーデルリ・イン・ブロード」(p.070) など）を中心に、ドイツにも広がりを見せている。オーストリアやスイスに近いシュワーベン地方の「チキンスープ シュワーベン風」(p.119) はその一例で、ここで作られるパスタ生地は「チペトケ」と酷似している。

ちなみに、フランスやスペインなど、パンを主食とする食文化圏では、ジャガイモを入れてピュレにしたり、ルーを作ったりするほか、硬くなったパンを粥状に煮て撹拌し、とろみをつけるスープが郷土料理として残っていることが多い。

---

*1｜グンデル・カーロイ著『ハンガリー料理』コルヴィナ社、1982年

スペイン

Spain

スペインは17の自治州からなる
立憲君主制の国である。
カタルーニャ、バレンシア、バスク、ガリシアなど
独自の言語を持つ地域が少なくなく、
また食文化も地方ごとに多彩だ。
バターはほとんど使われず、
オリーブ油とニンニクが多用されるのは
全体的な特徴といえる。

レストゥディ

p.196 – 207

SPAIN
スペイン

FRANCE フランス
CANTÁBRIA カンタブリア
ASTURIAS アストゥリアス
GALICIA ガリシア
- Santiago de Compostela サンチアゴ・デ・コンポステラ
- Bilbao ビルバオ
- San Sebastián サン・セバスティアン
VASCO バスク
NAVARRA ナバーラ
CASTILLA-LEÓN カスティーリャ＝レオン
LA RIOJA ラリオハ
ARAGÓN アラゴン
CATALUÑA カタルーニャ
- Barcelona バルセロナ
PORTUGAL ポルトガル
- Madrid マドリード
- Valencia バレンシア
EXTREMADURA エストレマドゥーラ
CASTILLA-LA MANCHA カスティーリャ＝ラ・マンチャ
VALENCIA バレンシア
- Sevilla セビーリャ
ANDALUCÍA アンダルシア
MURCIA ムルシア
- Málaga マラガ
- Granada グラナダ
MOROCCO モロッコ
ALGERIA アルジェリア

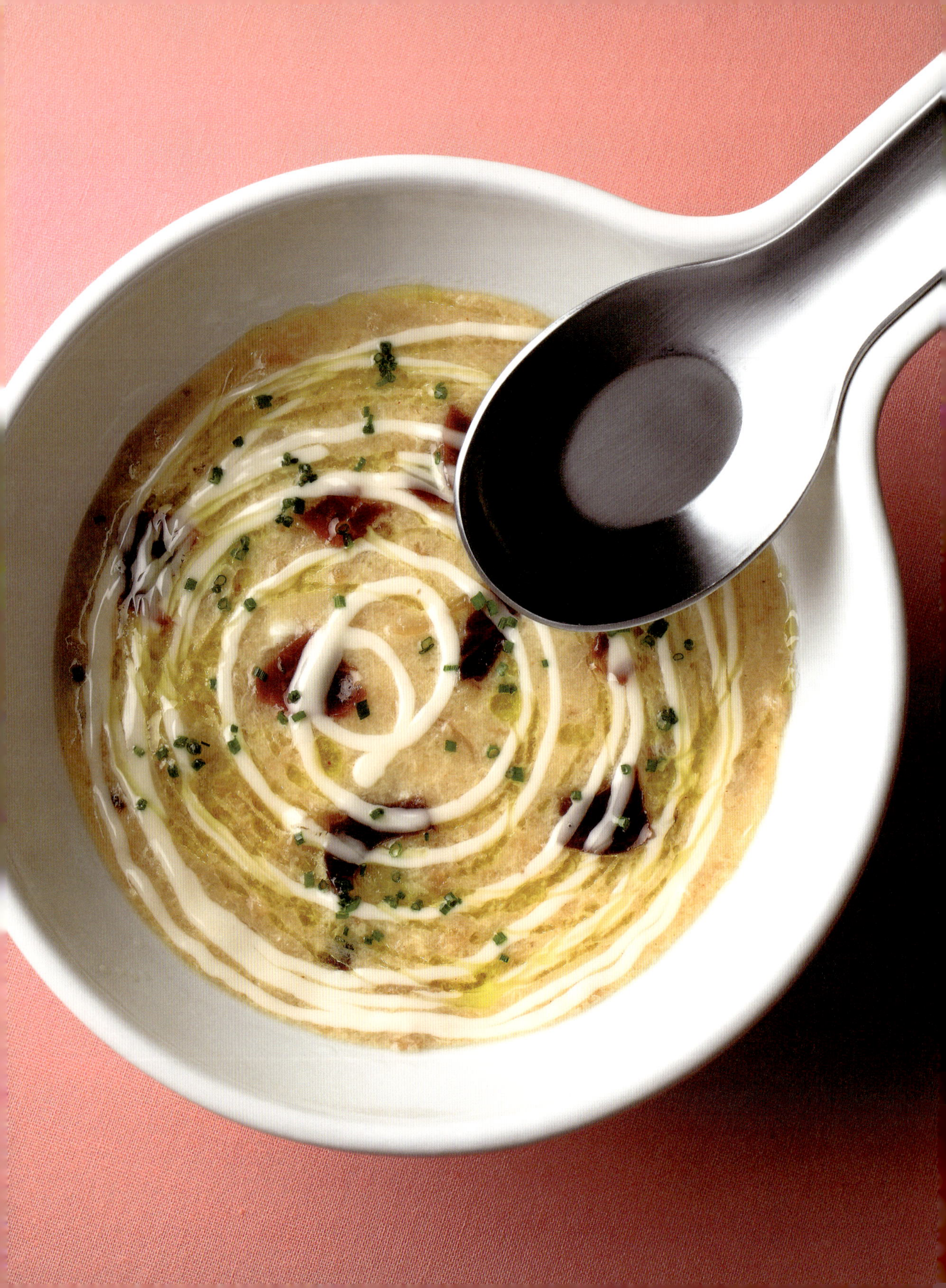

ソパ・デ・アホ
Sopa de ajo

「アホ」とはニンニクのこと。
冬になると、どのレストランにも
このニンニクスープがメニューに載る。
ニンニクをゆっくり炒めるのがコツで
2日間かけて仕上げる。
同店のスペシャリテでもある。

材料 4人分
フランスパン(前日のもの) … 150g
ニンニク … 1〜2かけ
オリーブ油 … 大さじ2
水 … 300ml
全卵 … 1個分
塩 … 適量
生ハムまたはチョリソ(刻む) … 少量
チャイブ(刻む) … 少量
EXVオリーブ油 … 適量

1. 鍋にオリーブ油、ニンニク、薄く切ったパンを入れて、弱火で30分ほど炒める。
2. 水を加えて中火にし、沸騰して10分ほど立ったら弱火に落とす。火にかけながら、泡立て器でパンとニンニクを潰す。
3. パンやニンニクがスープに溶け込んだら火を止め、一晩冷やす。
4. 翌日、3に水100ml(分量外)と塩を加え、火にかける。
5. 沸騰したら弱火にし、スープを混ぜながら溶き卵を少しずつ加える。
6. スープ皿に盛り、生ハムまたはチョリソ、チャイブ、アイオリ、EXVオリーブ油をのせる。

アイオリ

材料
マヨネーズ … 30g　牛乳 … 小さじ1
ニンニクパウダー … 小さじ1/2
※ 全ての材料を泡立て器で合わせる

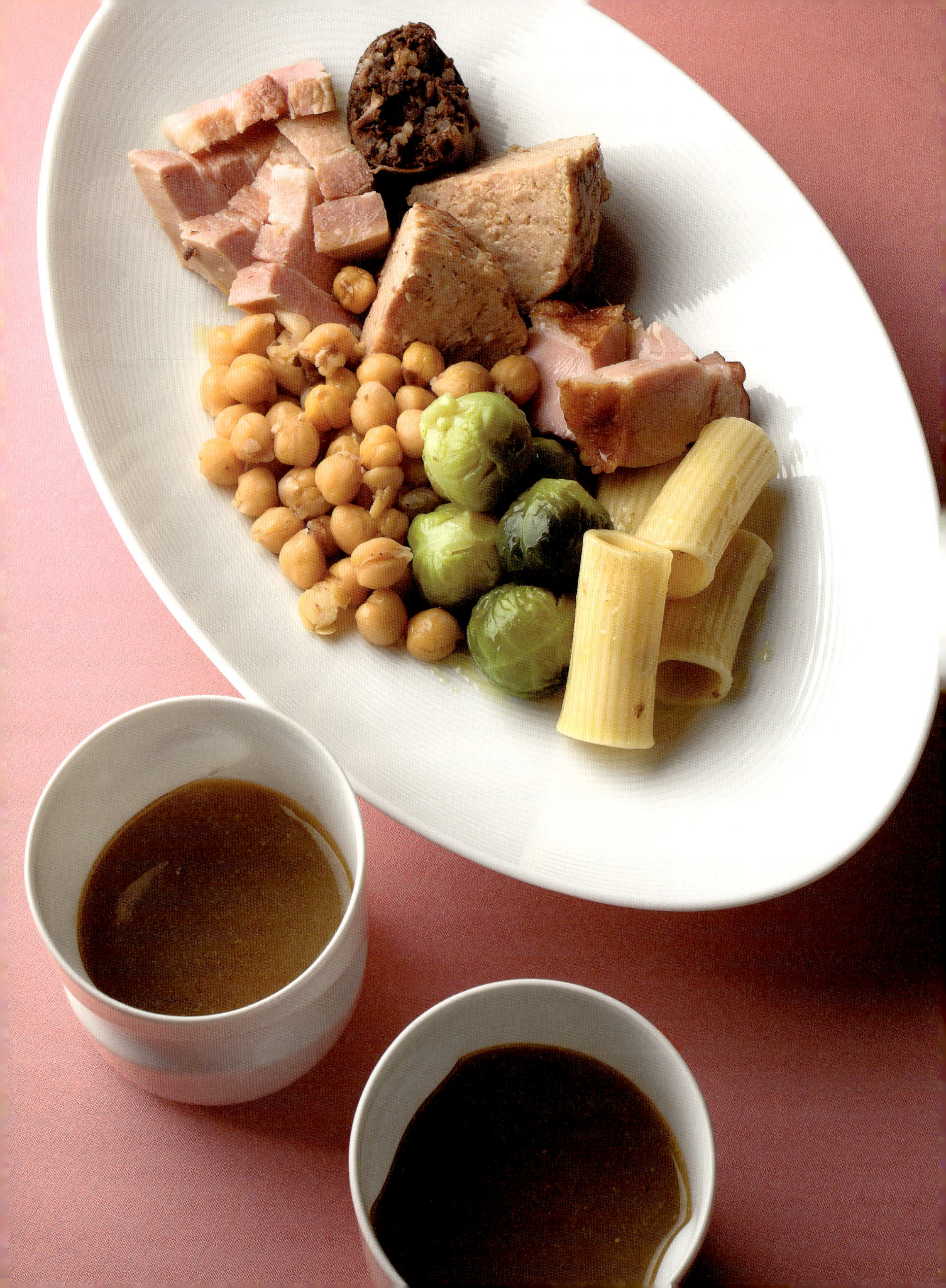

コシード
Cocido

豚のあらゆる部位を使う煮込み。
具とスープ(caldo)を分けて盛り付け、
まずスープとパスタから食べるのが流儀だが、
大きな鍋を囲んで
各々が好きに楽しむスタイルでもいい。
ガルシア地方をはじめ、
地方ごとのコシードがある。

材料 4人分
タマネギ … 小1個
ヒヨコ豆 … 80g（前日から水で戻す）
ニンニク … 1かけ
芽キャベツ … 8個
スペイン産チョリソ … 80g
ベーコン（塊）… 200g
ブーダンノワール … 80g
パンチェッタ（塊）… 80g
水 … 2000ml
パスタ（大きめのマカロニなど）… 適量

1 鍋に水、タマネギ、ヒヨコ豆、ニンニク、チョリソ、ベーコン、パンチェッタを入れて、弱火にかける。

2 1時間程度煮込んだら、芽キャベツ、ブーダンノワール、ペロタを加え、さらに煮込む。

3 ヒヨコ豆を噛んでクリーミーな食感になったら火を消す。

4 食べるときに鍋を再び火にかけ、パスタを加える。程よい硬さになったら具を全て皿に取りだし、スープはシノワで漉して別のスープ皿によそう。

5 最初にスープとパスタを味わい、次は野菜、最後に肉を食べる。すべて一緒に食べてもいい。

調理のコツ
豚骨や耳、口などを入れても。
冷まして一晩置くと、味がしみていい。
盛り付け時には食べやすく切り分ける。

ペロタ

材料
豚ひき肉 … 60g　　パン（柔らかいもの）… 15g
タマネギ（みじん切りにして炒める）… 10g　　牛乳 … 10g
ニンニク（みじん切り）… 1/3かけ　　塩・コショウ … 少々

材料をすべてボウルに入れて練り、ひとつのボール状にまとめる。小麦粉（分量外）をまぶして、薄い小麦色になるまで油で揚げる。ゆっくり焼きあげてもいい。

ガスパチョ
Gazpacho

アンダルシア地方の夏の冷製スープ。
トマトの力強い味と
キュウリやビネガーの清涼感が喉を潤す。
"食べる"より"飲む"スープだ。

1. トマト、赤パプリカ、タマネギ、キュウリ、ニンニクを適当な大きさに切り、ミキサーにかける。

2. シノワで漉したら、EXVオリーブ油、シェリービネガーを加えてホイッパーで軽く混ぜる。

3. 塩で味を調える。一口大に切ったスイカ、クルトン、ミニトマトとミズナの葉先で飾り付け、EXVオリーブ油（分量外）をひとたらしする。

材料 4人分

トマト … 300g
（今回はフルーツトマト100g、桃太郎200gを使用）
赤パプリカ … 40g
タマネギ … 10g
キュウリ … 20g（皮をむいた状態で）
ニンニク … 1/3かけ
EXVオリーブ油 … 30g
シェリービネガー … 小さじ1
塩 … 適量
スイカ、クルトン、ミニトマト、ミズナ … 適量

調理のコツ
冷蔵庫で冷たくして飲む。

ポルサルダ
Porrusalda

バスク地方の温かいスープ。
コクを出すバカラオ(タラ)はスペインや
ポルトガル、中南米でよく食べられている
三角貿易の名残ともいえる食材だ。

材料 4人分

- ジャガイモ … 80g
- ニンニク … 1かけ
- ポワロー … 250g
- タマネギ … 100g
- 干しダラ … 50g (水で戻した状態で)
- 牛乳 … 150ml
- オリーブ油 … 小さじ1
- 生クリーム … 適量
- 水 … 400ml
- 塩 … 適量
- EXVオリーブ油 … 少々

バカラオ(Bacalao)。スペイン語でタラの意だが、塩漬け干しダラも同名で呼ばれる。2〜7日かけて戻し、戻し汁は使わない。

1. ジャガイモは一口大に、ニンニク、ポワロー、タマネギはみじん切りにする。干しダラは水で戻し、皮などを取り除き一口大に切る。

2. 鍋にオリーブ油をしき、ニンニク、干しダラ25g、ポワロー、タマネギを軽く炒める。

3. 水とジャガイモを加え、中火で柔らかくなるまで煮たら、鍋の具のみを取り出し、100ml程度のスープとともにミキサーにかける。その後シノワで漉し、塩で味を調える。

4. 器に盛り、塩少々を入れて泡立てた生クリーム、干しダラ15g、EXVオリーブ油をのせる。

調理のコツ
ミキサーに長くかねると粘りが出て硬くなるので注意。上に乗せるタラはニンニクオイルでコンフィにしてもよい。冷たくしてもあたためて飲んでもおいしい。

スペイン | レストゥディ

アホ・ブランコ
Ajo blanco

アラブ料理を起源に持つ
アーモンドが主な材料の冷たいスープ。
アンダルシア地方やエストレマドゥーラ地方で
よく食べられる。
ブドウを浮き実に使うのも特徴だ。

材料 4人分
マルコナアーモンド (皮むき) … 400g
(なければ普通のアーモンドでもよい)
ミネラルウォーター … 500ml
ニンニク … 3かけ
EXV オリーブ油 … 大さじ 1〜2
白ワインビネガー … 小さじ 1
塩 … 適量
デラウェア … 適量
枝豆 … 適量
チャイブ … 適量

1 アーモンドはミネラルウォーターに浸して 12〜24 時間、冷蔵庫でふやかす。ニンニクは半分に切り芯を取り除き、水 (分量外) から茹でて臭みを取る (2〜3 回繰り返す)。

2 1をミキサーにかけ、できるだけ細かくする。さらにジューサーにかけたら、目の細かいシノワで漉す。

3 2に EXV オリーブ油、白ワインビネガー、塩を入れて、泡立て器で混ぜたら、冷蔵庫で冷たくして保存する。

4 皮をむいたデラウェア、茹でてさやから出した枝豆を器に盛り、3を注ぎ入れる。刻んだチャイブで飾る。

サルモレッホ
Salmorejo

アンダルシア地方
コルドバで生まれた冷製スープ。
ガスパチョと似ているが、
トマトとパンを使っているため
サルモレッホのほうが腹もちがよい。
生ハムや茹で卵をのせるのも特徴だ。

1 トマト、パン、タマネギ、ニンニクを適当な大きさに切り、ミキサーにかける。

2 シノワで漉したら、オリーブ油、シェリービネガーを加えて泡立て器で軽く混ぜる。

3 塩で味を調える。刻んだ茹で卵、一口大に切った生ハムをのせ、EXVオリーブ油をひとたらしする。冷やして飲む。

材料 4人分
トマト…250g
（今回はフルーツトマト80g、桃太郎170gを使用）
古くなったバゲットまたはカンパーニュ…100g
タマネギ…10g　ニンニク…1/3かけ
オリーブ油…40g
シェリービネガー…大さじ1
塩…適量　茹で卵…1個
イベリコ生ハム…適量
EXVオリーブ油…適量

野菜のカルドッソ
Arroz caldoso de verduras

カルドッソはタパ(tapas)として、また初めの1品やデザート前の料理として食べられる。野菜は季節によって変えるが鮮やかな緑色が出るように。

材料 4〜6人分

- ホウレンソウ(葉のみ) … 30g
- バジル … 5g

A
- タマネギ … 1/2個
- エシャロット … 1個
- ピーマン … 1個
- ニンニク … 1かけ

- ズッキーニ … 25g
- 生グリーンピース … 20g
- 枝豆 … 20g
- アスパラガス … 4〜6本
- カブ … 50g
- 米 … 80〜100g
- 野菜のブイヨン … 600ml
- オリーブ油 … 適量
- ニンニク油 … 適量

トッピング
- ミズナ … 適量
- カブ … 小2個
- レモンまたは柚子の皮 … 少々

1 下準備をする。ホウレンソウとバジルはさっと茹でて水にさらして絞り、水100ml（分量外）を加えミキサーでペースト状にする。アスパラガスは穂先だけ茹でるか炒めておき、茎は6mm角に切る。

2 パエリアパンまたは土鍋にオリーブ油と、みじん切りにした**A**を入れ、10分間弱火で炒める。

3 米は洗わずに**2**に入れ、野菜のスープを加える。強火で7〜8分火にかけたら、6mm角に切ったズッキーニ、アスパラガス、茹でて薄皮をとったグリーンピースと枝豆を加えて弱火にし、混ぜながら4分ほど炊く。

4 **3**に1cm角に切ったカブ、ニンニク油、**1**のペーストを加え、塩で味を調える。器に盛り、ミズナ、1cm角に切ったカブ、レモンまたは柚子の皮を飾る。

魚介のカルドッソ
Arroz caldoso de almejas et vieiras

「カルド」はスープを意味する。
カルドッソは、リゾットよりも汁気の多い
米のスープのことだ。
アルデンテの硬さを目指して
米を煮込んでいく。

材料 4人分
ホタテ … 8個　アサリ … 400g
エビ（殻がむいてあるもの）… 100g
米 … 100g　ニンニク … 1/2かけ
トウガラシ … 1/3本　白ワイン … 30ml
魚のブイヨン … 500ml　オリーブ油 … 適量
塩 … 適量　イタリアンパセリ … 適量

ソフリット
タマネギ … 小1個
ピーマン … 小2個
ニンニク … 1かけ

1　ソフリットを作る。鍋にオリーブ油大さじ2を熱し、みじん切りにしたタマネギ、ピーマン、ニンニクを入れる。弱火で野菜が溶けるくらいまで炒める。

2　別の鍋にオリーブ油大さじ1、つぶしたニンニク、トウガラシを熱し、香りが立ってきたらアサリと白ワインを入れて蓋をし、アサリの殻を開ける。アサリのだしはシノワで漉しておく。

3　新しい鍋にオリーブ油を熱し、半分に切ったホタテとエビを軽くソテーしてとり出す。1のソフリットと、米を洗わずに加える。軽く炒めたら魚のスープを加える。

4　強火にして7〜8分火にかけたら、アサリとだしを加え、弱火にし、混ぜながら6〜7分間炊く。途中で汁気が足りなかったら、魚のスープを多めに足す。

5　塩で味を調え、エビとホタテを合わせてから器に盛り、刻んだイタリアンパセリをのせてEXVオリーブ油をかける。

スペイン　｜　レストゥディ

パンとタイムのスープ
Sopa de Tomillo

タイムを煮出した湯をパンにかけるだけという
極めてシンプルなスープ。
シェフも不調のときに食べていたという。
パンが味の決め手になるので
古くても確かな味のものを選びたい。

1　薄くスライスして硬くしたバゲットを器に入れ、タイムの葉を少々散らす。ニンニクは薄切りにする。

2　鍋にオリーブ油をしき、ニンニクを軽く炒め、タイムと水を加える。10分間煮出す。

3　パンの入った器に **2** を注ぐ。仕上げに塩をひとつまみかけ、EXVオリーブ油をひとたらしする。

材料 4人分
前日のバゲット … 120g
タイム … 8本
ニンニク … 1かけ
オリーブ油 … 小さじ1
EXVオリーブ油 … 大さじ1
水 … 800ml
塩 … 適量

調理のコツ　煮出したタイムやニンニクは注ぐ際に外す。
ボリュームをつけたい時はパンの上に卵黄をのせて **2** を注ぐ。

サングリアのスープ仕立て
Sangria

オレンジやたっぷりのフルーツを
ワインで漬け込んだサングリア。
マセドニアのイメージで
ゆるめのゼリー仕立てにした、
シェフの遊び心あふれるオリジナルだ。

1. ゼラチンは水でふやかす。オレンジ、リンゴ、巨峰、パイナップル、バナナは食べやすい大きさに切る。

2. 温めたフレッシュオレンジジュース400mlに**1**のゼラチンを入れて溶かし、冷蔵庫で冷やす。残りのジュース100mlはバットに薄く流し込み、冷凍させてグラニテにする。

3. 器にオレンジのゼリーを入れ、フルーツを盛り付け、グラニテ、オレンジ皮のコンフィ、モスカテッロをかけて、セルフィーユまたはミントで飾り付ける。

材料 4人分
フレッシュオレンジジュース … 500ml
モスカテッロ … 大さじ2（煮詰めて大さじ1にする）
オレンジ、リンゴ、巨峰、パイナップル、バナナ
… 適量
オレンジ皮のコンフィ（ママレードでも可）… 少々
ゼラチン … 1枚
セルフィーユまたはミント … 1枚

調理のコツ モスカテッロの代わりに、1/4量になるまで煮詰めた白ワインを使ってもよい。

スペイン｜レストゥディ

Column

東欧のスープ 2

パプリカ、あるいは
オスマン帝国とハプスブルク家

*On "Gulasch" soup, or battles between
Ottoman Empire and Hapsburg Monarchy*

　パプリカといえばハンガリーを代表する食材。粉状にして調味料をして使用するほか、煮たり焼いたり、酢漬けにしたりして食べる。形状や色で味が違い、国内だけで130種類以上も生産されている。

　主な種類は、淡い緑色や黄色のものと、熟すと紅色になるものの2種類。前者は生でサラダとして食べたりスープの実として使ったりする。後者は乾燥させ砕いてパプリカ粉として使う。

　ところで、ハンガリー随一のレストラン「グンデル」の主人、グンデル・カーロイの著書によると「19世紀前半に出版された書物の中には『パプリカ』という言葉は滅多に見られず、200年前にはハンガリー人はパプリカを全く使っていませんでした」とある。*1

　パプリカは16世紀に南米から入ったトウガラシを、ハンガリーで品種改良し、辛くない「パプリカ」の栽培に成功したといわれる。トルコから持ち込まれたという説もある。

戦いの前線から広まった？

　13世紀末から徐々に勢力を伸ばしたオスマン帝国は、16世紀になって最も軍事力が充実し、その領土は中央ヨーロッパ、北アフリカにまで及んだ。

　ハンガリーは1526年、モハーチの戦いでトルコ軍に負け、ハンガリー王のルドヴィク二世は戦いで没した。その継承権のひとつがハプスブルクにあったため、ハンガリーはこの2国に分割支配され、二大勢力の絶え間ない戦いの地となる。

　ところで、トルコ兵士たちがハンガリー野営で食べていたのは、牛肉のパプリカ煮込み「クル・アシュ」(p.190) である。オスマン宮廷料理を学んだメフメッド・ディキメンシェフによると「クル・アシュがグヤーシュの原型と考えられる」という。グヤーシュはハンガリー語で「牛飼い」を表す語ではあるが、屋外での調理方法や材料、そして何よりパプリカを使用するという点で、2つの料理は酷似している。

　それではなぜ「グヤーシュ」がドイツでも一般的な料理になったのか。

　「それは、ハンガリーの牛飼いが、オーストリアを経由してドイツまで、牛を連れて売りにきていたから」と言うのは、ドイツ料理「ツム・アインホルン」の野田浩資シェフだ。鍋とパプリカパウダーを携えて、はるばるドイツまで旅をした牛飼いたちは、各地に牛肉のパプリカ煮込みを伝えていった。それがいつしか「グーラッシュ」とドイツ語的な訛りをつけながら、オーストリア、ドイツに定着したのだという。ちなみに、トルコのクル・アシュとハンガリーのグヤーシュは、さらり

としたスープだが、オーストリアとドイツのグラッシュにはとろみがついている。

ルーマニアのアイデンティティー

　同じくオスマン帝国に支配されていたルーマニアに目を向けると、トルコの残した食文化の痕が見られる。例えば、牛の内臓を使ったスープ「チョルバ・デ・ブルタ」（p.166）の原型は、トルコの「イシュケンベ・チョルバス」であり、羊や牛のひき肉団子「ミティティ」は「キョフテ」ではないかと思われる。

　また、ボルシチやグーラッシュなど、周辺諸国の影響を受けた料理も多い。こうした食文化にはオスマン、ハプスブルク、ポーランド、ロシアという国々の緩衝地帯となりながら国家を保ってきた歴史が表れている。

　中世のルーマニアは、ワラキア、モルドヴァ、トランシルヴァニアの3公国に分かれていた。トランシルヴァニアは11世紀にハンガリー王国の一部となり、14世紀にはハプスブルク領に、16世紀にはオスマン帝国の属国となり、18世紀に再びハプスブルク領となった。ワラキアとモルドヴァは15世紀から16世紀にかけてオスマン帝国の属国となり、1812年にはモルドヴァの一部をロシア帝国に割譲した。

上：パプリカ粉。辛口（erős または csípős）と甘口（édes）がある。写真は甘口。

左：生でも食べられるパプリカ。日本ではハンガリーの種を使い、山形県・遊佐で作られている。

　このような歴史のなかで、ワラキアとモルドヴァは1877年に統一し独立宣言を行い、第一次世界大戦でトランシルヴァニアを併合するに至った。一連の独立運動の際に、誇りを持って歌われたのは「目覚めよ、ルーマニア人」という歌。今では国歌に定められたこの曲の詞は、自分たちに「今なおローマ人の血が流れている」ことが強くうたわれている。ルーマニア人のアイデンティティーは、他文化の長い従属の歴史を経てなお、古代ローマにあるのかもしれない。

*1｜本書にはこの箇所に注意書きがあり、「最も新しい研究によると、ハンガリーではパプリカを17世紀末に育て始め、パプリカを砕いて使い始めたのは1748年とあります。パプリカを砕いて使うのは、ハンガリー人が発見しました。これに反して1830年の出版物によると、例えば、ハラースレーには一房の砕かないパプリカを入れるように書いてあります」とある。

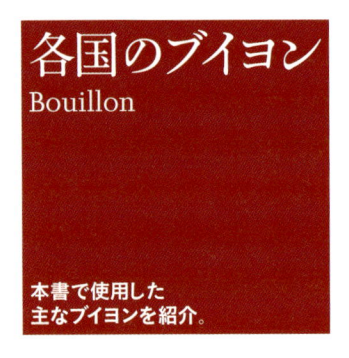

各国のブイヨン
Bouillon

本書で使用した主なブイヨンを紹介。

🇫🇷 フランス
ル・マンジュ・トゥー
▶p.014-027

谷昇シェフは、鶏のブイヨンではなく、鶏のコンソメをスープの基本としている。鶏のうまみが十分に引き出され、これに調味するだけで一品として完成する。

鶏のコンソメ

鶏のコンソメ

材料

ブラン・サンプル
- 鶏がら … 5kg
- 水 … 適量

コンソメ
- 鶏ムネひき肉 … 2kg
- タマネギ … 100g
- ニンジン … 100g
- セロリ … 50g
- 卵白 … 50g

作り方

1 ブラン・サンプルを作る。鶏がらをよく掃除し、水にさらす。水から煮て、よくアクを取りながら6時間煮る。出来上がり量は約10ℓ。

2 コンソメにする。よく冷やした鶏ムネひき肉に薄切りにした野菜を加え、さらに卵白を加えて、ねばりが出るまでよく練る。これを鍋に入れ、少しずつブラン・サンプルを加える。火にかけ、へらで鍋底をあたりながら温め、全体が浮き上がってきたらヘラを外す。沸騰直前にゆっくりと火を調整し、軽く沸いている状態を保つ。中心に穴を開け、そのままの状態を保ち、味が出るまで煮出す。漉して保存。出来上がり量は10ℓ。

エゾ鹿のブラン・サンプル

材料
- 鹿骨 … 10kg
- 鹿スジ肉 … 2kg
- 赤ワイン … 12ℓ
- 赤ワインビネガー … 2ℓ
- エストラゴン … 20g
- タイム … 10g
- 水 … 適量

作り方

鹿骨を160℃のオーブンで90分間焼く。スジ肉も同様に30分間焼く。鍋にすべての材料を入れて火にかける。アクをしっかり取り、煮詰まったら水を足しながら8時間煮る（写真左下）。漉して保存。出来上がり量は14ℓ。

コツ

鹿のスープは濁りやすい。沸かさないよう火加減に注意する。縁についたアクなどは、こまめに専用ブラシなどでこすり取る。清澄（クラリフィエ）すると写真右下のようになる。

エゾ鹿のブラン・サンプル

🇫🇷 フランス
ラ・フィネス
▶ p.028-041

杉本敬三シェフが使うのは鶏のブイヨン。フランスでは俗に Fond blanc（フォン・ブラン）といわれる。スープやソースの基本となるだけでなく、Poule au pot（プール・オ・ポ）という料理でもある。まずブイヨンを飲み、野菜や肉を食べ、残った骨をスープに戻して煮ると、骨髄のゼラチン質が溶けだしてくる。

鶏のブイヨン

材料

鶏…1羽
タマネギ…1個
ニンジン…1本
セロリ…1本
ローリエ…1枚（好みで）
粒コショウ…適量
水…適量
塩…適量

作り方

鶏肉をフランベして、残っている産毛を焼き切ったら適当な大きさに切り分け、内臓、皮を取り除く。鍋にすべての材料を入れて、火にかける。沸騰したらアクをきれいに取り除き、塩をする。30分ほどで香りが最もいい状態のブイヨンができる。これ以上煮ると香りはなくなっていくが、代わりに鶏のゼラチン質が溶けだし、うまみは強くなる。漉して保存。出来上がり量は5ℓ。

牛テールのコンソメ
▶ p.033 参照

オマールエビのコンソメ
▶ p.035 参照

鶏のブイヨン 　　牛テールのコンソメ 　　オマールエビのコンソメ

イタリア
アカーチェ
▶ p.046-059

イタリア料理では鶏、牛、魚など、多彩なブロード（ブイヨン）を使うが、汎用性のある基本のブロードは鶏である。奥村忠士シェフが作るのは、ゼラチンのコクを感じながらも、クリアな味のブロードだ。

鶏のコンソメ
▶ p.059 参照

鶏のブロード

材料
鶏 … 2 羽
タマネギ … 800g
ニンジン … 700g
セロリ … 300g
ローリエ … 3 枚
塩 … 20g　黒コショウ … 10g
水 … 25 ℓ

作り方
鶏は適当な大きさに切り分け、水洗いして血合いや脂をきれいに取り除く。タマネギ、ニンジンは皮をむく。すべての材料を鍋に入れ火にかけ、沸騰したら軽く沸いている状態を保つ。アクを取りながら8～9時間煮て、量が半分程度までになったら布漉しして、冷ます。冷蔵庫で保存し、翌日、上に固まった脂を取り除く。

鶏のコンソメ

鶏のブロード

イタリア
ヴォーロ・コズィ
▶ p.060 - 073

西口大輔シェフが使うのも、鶏をベースにしたブロード。コンソメをとるときは、鶏のブロードに牛ひき肉、香味野菜、卵白を加えて作る。劣化を防ぐため、出来上がったブロードは速やかに冷まして保存する。

鶏のブロード

材料
大山鶏のガラ … 3kg
タマネギ … 1 個
ニンジン … 1/2 本
セロリ … 1/2 本
ローリエ … 1 枚
パセリの茎、水 … 適量

作り方
鶏ガラは内臓などを水できれいに洗い流す。鍋にすべての材料を入れ、火にかける。沸騰したら軽く沸いている状態を保ち、アクを取りながら3時間ほど煮る。味にまとまりがでてきたら、シノワで漉す。氷水を張った大きなボウルに、出来上がったブロードを入れて一気に冷やし、冷蔵庫で保存する。使用する際は表面に固まった脂を取り除いて使う。10ℓ寸胴で作り、出来上がりは7ℓ。

🇷🇺 ロシア
サモワール
▶ p.078 - 089

酒井宗康シェフが作るのは、牛肉のスープストック。ここで煮込まれた肉は、サリャンカやつぼ焼きなどの具としても使う。

スープストック

材料

牛カタロース肉…2kg
タマネギ…中2個
ニンジン…1本　セロリ…大1本
ローリエ…1枚
水…3ℓ

作り方

野菜は乱切りにする。鍋にすべての材料を入れ、火にかける。沸騰したら弱火で4時間〜4時間30分間、アクを取りながら煮る。肉を取り出して、残りを漉す。出来上がり量は2〜2.5ℓ。

魚のスープストック

材料

タイのアラ…1尾分
タマネギ…中2個
セロリ…大1本
パセリ…1本　ローリエ…1枚
水…2ℓ

作り方

タイのアラは霜降りにして臭みをとり、水洗いして血合いやウロコを取り除く。鍋にすべての材料を入れ、火にかける。沸騰したら弱火で1時間、軽く沸いている状態を保つ。漉して保存。出来上がり量1.5ℓ。

🇸🇪 スウェーデン、北欧
レストラン・ストックホルム
▶ p.092 - 103

フィンランドはじめ、北欧にはヴィーガンも多い。野菜のブイヨンならば、ヴィーガン対応もでき、スープに軽さも出せ、柔らかな甘さも引き出せる。保坂紀一シェフは、通常は仕込みの際に出る野菜の端切れや皮も使っている。野菜は季節に応じて。ニンニクやショウガは使わない。

野菜のブイヨン

材料

ニンジン…1本
タマネギ…1個
セロリ…1本
キャベツ 1/2個
アスパラガス…5本
ナス…2個
ブロッコリー…1株
パセリの茎…10本
パプリカ…3個
ネギ…1本
カリフラワー…1株
マッシュルーム…1パック
水…適量

作り方

鍋にすべての材料を入れて沸騰させ、弱火で30〜40分間煮込む。途中でアクを1、2回取ってシノワで漉す。出来上がり量は3ℓ。

🇩🇪 ドイツ
ツム・アインホルン
▶ p.108-121

ドイツ料理で使うのは、おもに牛、鶏、魚のブイヨン。鶏のブイヨンの汎用性が高い。野田浩資シェフが作るのは、ほとんど脂を感じず、うまみだけが広がる澄んだブイヨン。牛ブイヨンで使う牛肉は、グラッシュスッペの具など、煮込み料理に使う。

鶏のブイヨン

丸鶏 … 1羽（2kg）
タマネギ … 1個
ニンジン … 2本
セロリ茎 … 2本
長ネギ（緑の部分）… 2～3本
タイム … 4～5本
ローズマリー … 2～3本
ローリエ … 1枚
岩塩 … 1つまみ
パセリ茎 … 適量
水 … 15～20ℓ

作り方

鶏は丸のまま流水で洗う。冷凍の場合は沸騰している湯に入れ、再沸騰したら取り出し水洗いする。タマネギは6等分、ニンジンはタテに6～8等分し、セロリ、長ネギは大き目に切る。鍋にすべての材料を入れ、火にかける。沸騰したらアクを取り、弱火にしてアクを取りながら、味が出るまで煮る。鶏を取り出し、スープを漉す。出来上がり量は10ℓ。

牛のブイヨン

牛モモ肉（赤身）… 4kg
タマネギ … 1個
ニンジン … 2本
セロリ茎 … 2本
長ネギ（緑の部分）… 2～3本
タイム … 4～5本
ローズマリー … 2～3本
ローリエ … 1枚
岩塩 … 1つまみ
パセリ茎 … 適量
水 … 適量

作り方

牛モモ肉は流水で洗う（一度ゆがいてもよい）。タマネギ、ニンジンは丸のまま加え、セロリ、長ネギは大き目に切る。鍋にすべての材料を入れ、火にかける。沸騰したらアクを取り、弱火にしてアクを取りながら2時間煮る。肉を取り出し、残りは漉してスープをとる。

魚のブイヨン

魚のアラ（メバル、タイなど）… 3尾分
タマネギ … 1個（150g）
ニンジン … 1本
セロリ茎 … 1本
タイム … 1本
長ネギ（緑の部分）… 2～3本
アニスシード … 1個
ローズマリー … 1本
塩 … 1つまみ
水 … 3ℓ
白コショウ … 5～6粒

作り方

魚のアラは水でよく洗い流す。野菜はぶつ切りにする。鍋にアラを入れて、水を加える。さらに他の材料を加えたら、弱火～中火にかけ、沸騰したら軽く沸いている状態を保ち、アクを取りながら30分間煮る。火からおろし布漉しする。出来上がり量は約2ℓ。

牛のブイヨン出来上がり図。静かに沸いている状態で、こまめにアクや脂を取り除き、澄んだスープを目指す。

オーストリア
銀座ハプスブルク・ファイルヒェン
▶p.136-147

オーストリア料理のフォンはリンドズッペ（コンソメスープ）。神田真吾シェフはスープのほか、ソース作りやサワークラウトの煮込みにも使う。イチボやバラ肉を入れることもある。Suppe Augen（スッペ・アオゲン）といって、器に入れたとき、縁に牛脂が少し浮くくらいが、うまみがあってよいとされる。

リンドズッペ
▶p.139 参照

鶏のフォン

材料

鶏ガラ…2羽分　老鶏…1羽
タマネギ…4個　ニンジン…2本
セロリ…3本　ローリエ…1枚
白ワイン…100ml　水…適量
サラダ油…適量

作り方

鶏ガラ、老鶏を掃除し、オーブンに入れ軽くきつね色になるまで焼く。野菜は2cm角に切り、鍋にサラダ油を熱してきつね色になるまで炒める。残りの材料すべてを加え、アクと脂を取りながら7〜8時間煮る。火からおろして漉し、半量になるまで煮詰める。冷やして保存。出来上がり量は5〜6ℓ。

野菜のフォン

タマネギ…2個
ニンジン…1/2本
セロリ…1本
ローリエ…1枚　水…適量
※料理中に出る野菜屑も使う

作り方

野菜は薄切りにし、鍋に材料全てを入れ、火にかける。沸騰したら弱火にし、40〜50分間煮る。出来上がり量は4ℓ。

トルコ
ブルガズ・アダ
▶p.180-191

トルコ料理でも、鶏と魚が基本のブイヨンとなる。メフメット・ディキメンシェフが作るのは、鶏のきれいな脂が浮いたコクのあるブイヨンと、魚の香ばしさが引き立つブイヨンだ。

鶏ガラスープ

材料

鶏ガラ…3kg
タマネギ、ニンジン、セロリ、ジャガイモ…合わせて2〜3kg
ニンニク…大2個　タラゴン…200g
ローリエ…1〜2枚
白コショウ（粒）…50〜60g
イタリアンパセリ…200g　水…適量

作り方

野菜は乱切りにする（タマネギの量は多めにする）。鍋にすべての材料を入れ、火にかける。沸騰したら弱火にし、アクを取りながら24時間煮る。

魚介のスープ

材料

タイのアラ（骨、頭）…3kg
タマネギ、ニンジン、セロリ、ジャガイモ…合わせて2〜3kg
ニンニク…大2個
ローリエ…1〜2枚

作り方

タイのアラはグリルで香ばしく焼く。野菜は乱切りにする（タマネギの量は多めにする）。鍋にすべての材料を入れ、火にかける。沸騰したら弱火にし、アクを取りながら24時間煮る。

**料理担当シェフ
プロフィール**

※掲載順、
2012年8月時点

谷 昇 [たに・のぼる]

1952年、東京生まれ。高校卒業後、服部栄養専門学校に入学。東京・六本木の「イル・ド・フランス」でフランス料理の修業を始める。76年、89年と2度フランスへ渡り、アルザスの3つ星レストラン「クロコディル」や2つ星レストラン「シリンガー」などで修行する。帰国後、六本木の「オー・シザーブル」などでシェフを務めたあと、94年に独立し、「ル・マンジュ・トゥー」をオープン。06年に同店を改装オープン。

ル・マンジュ・トゥー
東京都新宿区納戸町22
TEL 03-3268-5911
http://www.le-mange-tout.com/

杉本敬三 [すぎもと・けいぞう]

1979年、京都府生まれ。「エコール・キュリネール国立」を卒業後、渡仏。ロワールで1年、モンペリエで2年、再びロワールで4年半、リモージュで1年、アルザスで3年半を過ごした。ロワール・シュノンソーの「ボン・ラブルール」ではシェフに。12年間のフランス滞在の後、11年帰国。12年に独立し「ラ・フィネス」をオープン。フランス料理の技法、地方性をベースに「Autodidacte（独学的な）」料理を目指す。

ラ・フィネス
東京都港区新橋4-9-1　新橋プラザビル B1F
TEL 03-6721-5484
http://www.la-fins.com/

奥村忠士 [おくむら・ただし]

1955年、岐阜県生まれ。東京・九段下の「ラ・コロンバ」（現在は閉店）などでイタリア料理の修業を始める。82年に渡伊し、ウンブリア州スペッロの「イル・モリーノ」で半年間修業。その後、トスカーナ州やミラノで学ぶ。帰国後は東京・西麻布の「アルポルト」、銀座「モランディ」シェフを経て、96年に再び渡伊。ピエモンテ州を拠点にトッレ・ペリーチェの「フリポ」やホテル学校で約1年間研修。同年、独立し「リストランテ・アカーチェ」をオープン。

リストランテ・アカーチェ
東京都港区南青山4-1-15 アルテカ・ベルテプラザB1F
TEL 03-3478-0771

西口大輔 [にしぐち・だいすけ]

1969年、東京生まれ。88年に東京・西麻布の「カピトリーノ」にてイタリア料理の修業を始める。93年に渡伊し、3年間ヴェネト州やミラノの「サドレル」などで修業。帰国後は東京・代々木上原の「ヴォナ・ヴィータ」シェフを務め、2000年に再び渡伊。ヴェネト州などで働いた後、01年からロンバルディア州の「ロカンダ・ヴェッキア・バヴィア」で5年間シェフを務める。06年に帰国。独立し「ヴォーロ・コズィ」をオープン。

ヴォーロ・コズィ
東京都文京区白山4-37-22
TEL 03-5319-3351
http://www.volocosi.com/

酒井宗康 [さかい・むねやす]

1954年、東京生まれ。同店は1950年、東京・渋谷の恋文横丁で創業した老舗ロシア料理店。先代で父の宗武さんは、出身地の東北の農場でロシア人と出会い、ロシアの家庭料理に親しんだ。宗康さんは高校在学時から同店の厨房に入り、父からロシア料理を学んだ。82年同店のシェフとなる。ロシアや東欧に足を運び、現地の味を学んでいる。

ロシア料理 サモワール
東京都世田谷区池尻2-9-8 エンドウビル1F
TEL 03-3487-0691

保坂紀一 [ほさか・のりかず]

1976年、東京生まれ。95年に岩手県盛岡グランドホテルに入社し、3年間フランス料理を学ぶ。99年にスウェーデン料理に転向。六本木スウェーデンセンターにあったレストラン・ストックホルムに入社（同レストランは2000年、30周年を機に東急プラザ赤坂に移転）。02年に同店シェフに就任。現在は退職し、同店の現シェフは宮本幸輔。

レストラン・ストックホルム
東京都千代田区永田町2-14-3
東急プラザ赤坂1階
TEL 03-3509-1677
http://www.stockholm.co.jp/

野田浩資 [のだ・ひろし]

1947年、東京生まれ。70年、東京・六本木のチェコスロバキア料理店「キャッスルプラハ」で修業を開始。73年に渡独し、フランクフルトやデュッセルドルフ、ベルギーのホテルレストランで働く。79年に帰国し、東京・新宿のスイス料理「モーベンピック」シェフとなる。83年独立し、東京・世田谷のレストランを経て、87年に東京・赤坂に「OAGクラブレストラン・クライゼル」を出店。94年に「ツム・アインホルン」をオープンする。

ツム・アインホルン
東京都港区六本木1-9-9
六本木ファーストビル1階
TEL 03-5563-9240/9387
http://www.zum-einhorn.co.jp/

丸山 礼 [まるやま・あや]

1972年、新潟生まれ。2003年から09年まで「Irish Pub The Angel」（09年に閉店）で働き、アイルランド、アイリッシュパブおよびアイリッシュフードに強く興味を持つ。07年にアイルランドに訪問。同年から「シェイマス・オハラ」に勤務する。アイルランド人から「まるでアイルランドにいるようだ」と言われる料理を提供。2012年10月に退職し、パブの楽しさをさらに追及する。

シェイマス・オハラ
東京都目黒区目黒 3-12-3　松田ビル B1F
TEL 03-3760-6179
http://www.seamus-ohara.com/

神田真吾 [かんだ・しんご]

1975年、東京生まれ。95年に東京全日空ホテル入社。97年にオーストリアに渡り、インスブルックのホテル「ノイエ・ポスト」に入社。2000年帰国し、オーストリア大使館での料理指導を経て01年に再びオーストリアへ。04年に日本人として初めてオーストリア国家公認料理マイスター試験に合格。05年に帰国し「カー・ウント・カー」シェフに。12年に独立し「銀座ハプスブルク・ファイルヒェン」をオープン。

銀座ハプスブルク・ファイルヒェン
東京都中央区銀座 7-8-7
GINZA GREEN　7階
TEL 03-5537-3226
http://ginza-habsburg.com/

ラーツ・ゲルゴー
[RACZ Gergo]

1979年ハンガリー生まれ。ハンガリー最高級レストラン「GUNDEL」の料理学校を卒業。ハンガリーのレストランで修業の後、カナダ、イギリスで働く。ロンドンの三ツ星レストラン「NOBE」「マンダリンオリエンタル」で腕を磨き、2008年5月に来日し「アズ・フィノム」のシェフに就任。伝統的な料理を守りながらオリジナル料理も作る。2013年に退職。同店の現シェフはジュリナ・ジョルジュ。

**ハンガリーワインダイニング
アズ・フィノム**
東京都渋谷区神宮前2-19-5
AZUMAビル地下1階
TEL 03-5913-8073
http://zsolnay.az-group.net/

石塚 充 [いしづか・みつる]

1963年神奈川県生まれ。82年に日比谷松本楼に入社しフランス料理を6年間修業した後、イタリア料理に転向。89年に東京・二子玉川の「インコントロ」に入社し、93年に東京・三田「トラットリア・アルポルト」のシェフに。神奈川・小田原市に「トラットリア・リエト」、東京・新宿「ペスケーリア・ポルトアマーレ」、東京・自由が丘「リストランテ・ノビルデューカ」の料理長を経てルーマニア料理に開眼。2010年より「レストラン ダリエ」料理長に。

レストラン ダリエ
※2013年に閉店

メフメット・ディキメン
[Mehmet Dikmen]

1963年、トルコ・イスタンブル生まれ。ドイツ「バーガーシュタインホテル」やトルコ「ヒルトンイスタンブル」を経て、97年に来日。長野・飯田市でトルコレストランを開業し、2008年に「ブルガズ・アダ」をオープン。オスマン帝国の宮廷料理は、イスタンブル大学と料理人がチームを組み、アラビア文字からの翻訳や料理の再現などの研究が進んでいる。ディキメン氏はその一員で、14世紀から19世紀初頭の宮廷料理を忠実に再現している。

オスマントルコ宮廷料理
ブルガズ・アダ
東京都港区麻布十番 3-7-4　麻布六堂 3F
TEL 03-3769-0606
http://www.burgazada.jp/

ジョゼップ・バラオナ・ビニェス
[Josep Barahona Viñes]

1966年スペイン・カタルニア地方生まれ。91年にスペイン料理店の料理長として来日。97年に東京・内幸町に「エル・パティ・デ・バラオナ」をオープン。01年に同店をピンチョス専門店に。「小笠原伯爵邸」総料理長、「愛・地球博（EXPO）」スペインパビリオン内飲食店の総プロデュースなどを経て、05年からアトリエ「レストゥディ」を主宰。店舗プロデュース、セミナー、ケータリングなど多方面で活躍。08年に文民功労勲章銀十字型章を受章。

レストゥディ
東京都千代田区内幸町 2-2-2
富国生命ビル B2F
TEL 03-3597-0312　http://www.lestudi.jp/

参考文献

※著書名順

- 『イタリアの地方料理』柴田書店、2011 年
- オーギュスト・エスコフィエ著、角田明訳『エスコフィエ・フランス料理』柴田書店、1979 年
- 辻調理師専門学校監修『基礎からわかるフランス料理』柴田書店、2009 年
- 財団法人いも類振興会編『ジャガイモ辞典』全国農村教育協会、2012 年
- 野田浩資著『新・ドイツの森の料理人』里文出版、2005 年
- 吉川敏明著『新版 イタリア料理教本』柴田書店、2011 年
- 鈴木 董著、石毛直道監修『世界の食文化』9 トルコ、農文協、2003 年
- 立石博高著、石毛直道監修『世界の食文化』14 スペイン、農文協、2007 年
- 池上俊一著、石毛直道監修『世界の食文化』15 イタリア、農文協、2003 年
- 北山晴一著、石毛直道監修『世界の食文化』16 フランス、農文協、2008 年
- 南 直人著、石毛直道監修『世界の食文化』18 ドイツ、農文協、2003 年
- ジョゼップ・バラオナ・ビニェス著『tapas タパス』長崎出版、2008 年
- 『トルコ料理 東西交差路の食風景』柴田書店、1992 年
- パムレーニ・エルヴィン編、田代文雄・鹿島正裕訳『ハンガリー史 1』恒文社、1980 年
- グンデル・カーロイ著『ハンガリー料理』コルヴィナ社、1982 年
- 谷 昇著『ビストロ仕立てのスープと煮込み』世界文化社、2001 年
- 石本礼子著『ブダペストの春から秋』恒文社、1975 年
- 辻静雄著『フランス料理の学び方』中公文庫、2009 年
- マッシモ・モンタナーリ著、山辺規子・城戸照子訳『ヨーロッパの食文化』平凡社、1999 年
- 六鹿茂夫編『ルーマニアを知るための 60 章』明石書店、2007 年
- ECG 編集室編『ロシア 「新生ロシア」のいまどき生活』トラベルジャーナル、1997 年
- 長屋美代著『ロシア料理（世界の味シリーズ4）』佼成出版社、1977 年

- Rosemary Moon, Camilla Sopwith, "Best of Irish Cooking: Tempting Recipes for All Occasions", Gill&Macmillan, 1996
- Karoly Gundel, "Gundel's Hungarian Cookbook", Kossuth Printing House, 1999
- Pellegrino Artusi, "La scienza in cucina e l'arte di mangiar bene ", Giunti Editore, 1968

編集・取材｜柿本礼子
撮影｜合田昌弘
ブックデザイン｜松田行正＋日向麻梨子（マツダオフィス）

フランス、イタリア、ロシア、ドイツ、スペインなど11ヵ国130品
ヨーロッパのスープ料理
NDC 596

2012年11月30日　発　行
2021年 8 月10日　第3刷

編　者	誠文堂新光社
発行者	小川雄一
発行所	株式会社誠文堂新光社
	〒113-0033　東京都文京区本郷 3-3-11
	（編集）電話 03-5800-3621
	（販売）電話 03-5800-5780
	https://www.seibundo-shinkosha.net/
印刷所	株式会社大熊整美堂
製本所	株式会社ブロケード

©2012 Seibundo Shinkosha Publishing Co.,Ltd.
Printed in Japan
検印省略
禁・無断転載

落丁・乱丁本はお取り替え致します。
本書のコピー、スキャン、デジタル化等の無断複製は、著作権法上での例外を除き、禁じられています。
本書を代行業者等の第三者に依頼してスキャンやデジタル化することは、
たとえ個人や家庭内での利用であっても著作権法上認められません。

JCOPY〈（一社）出版者著作権管理機構 委託出版物〉
本書を無断で複製複写（コピー）することは、著作権法上での例外を除き、禁じられています。
本書をコピーされる場合は、そのつど事前に、（一社）出版者著作権管理機構
（電話 03-5244-5088／ FAX 03-5244-5089／ e-mail:info@jcopy.or.jp）の許諾を得てください。

ISBN978-4-416-81249-5